Rüdiger Liedtke

111 Orte in München, die man gesehen haben muss

Band 2

111

emons:

Ich danke aufs Neue meinen Münchner Freunden.

Bibliografische Information der Deutschen Nationalbibliothek
Die Deutsche Nationalbibliothek verzeichnet diese Publikation in der Deutschen Nationalbibliografie; detaillierte bibliografische Daten sind im Internet über http://dnb.d-nb.de abrufbar.

Layout: Eva Kraskes, nach einem Konzept von Lübbeke | Naumann | Thoben
Kartografie: Regine Spohner
Druck und Bindung: B.O.S.S Medien GmbH, Goch
Printed in Germany 2016
Erstausgabe 2012
ISBN 978-3-95451-043-6
Aktualisierte Neuauflage April 2016

Vorwort

Von »111 Orte in München, die man gesehen haben muss« liegt hiermit der zweite Band vor. Und das hat einen guten Grund. Bei der ersten Ausgabe bestand durchaus die Qual der Wahl, welche Orte in das Buch aufgenommen werden sollten – München ist so unendlich reich an originellen und ausgefallenen Schauplätzen fernab aller ausgetretenen Touristenpfade. Nach dem großen Erfolg des ersten Bandes gibt es jetzt zum Glück die Gelegenheit für neue, spannende Touren durch die Stadt.

Wussten Sie, dass in München das Bild hängt, auf dem so viele Menschen gemalt sind wie auf keinem anderen weltweit? Dass sich Punkt zehn nach zwölf im Dom die Automatenuhr bewegt und das Schwert gezogen wird? Dass am Marienplatz die ungewöhnlichste Bibliothek der Stadt schlummert oder man den Sunset Boulevard auch im Olympiapark findet? Dass man in der Maxvorstadt auf den Mühldorfer Urelefanten trifft? Dass in der Innenstadt die Barbiepuppen paradieren und am Englischen Garten die Berliner Mauer steht?

Wissen Sie, wo in München noch nach alter Handwerkskunst Mehl gemahlen wird, wo mitten in der Stadt eine Reaktorhalle steht und wo nach Einbruch der Dunkelheit das Grauen Einzug hält? Wer Bescheid weiß, der findet ein Rosenmeer an der Isar, die erste Eismaschine am Mühlbach, den riesigen Lichtschacht unter einer gigantischen Glaskuppel an der Donnersbergerbrücke, eine oft übersehene Kirche samt Kreuzgang in Haidhausen oder die Pläne Ludwigs II. für ein Opernhaus am Hochufer.

Der zweite Band von »111 Orte in München, die man gesehen haben muss« zeigt, dass München eine unerschöpfliche Fundgrube für hochkarätige, ausgefallene und skurrile Kleinodien ist. Mit vielen neuen Überraschungen, auch für diejenigen, die meinen, die Stadt aus dem Effeff zu kennen. Das Buch führt den Leser an Schauplätze, die ihn staunen lassen, und nimmt ihn mit auf eine ungewöhnliche Entdeckungsreise durch die Stadt. Und das gleich weitere 111 Mal.

111 Orte

Biergarten

1 Die Alexanderschlacht

Auf keinem Bild der Welt gibt es so viele Menschen

Die Schlacht bei Issos 333 vor Christus gehört zu den großen Kriegs- und Kampfspektakeln der Weltgeschichte. Der Grieche Alexander der Große brachte auf türkischem Boden dem Perserkönig Darius III. die entscheidende Niederlage bei und stoppte so den scheinbar unaufhaltsamen Vormarsch der Perser auf Europa. Ein früher Triumph des Abendlandes über den Orient.

1528 – die Türken und ihr osmanisches Heer standen vor Wien. Eine neuerliche Gefahr. Da erhielt der Regensburger Landschaftsmaler und Kupferstecher Albrecht Altdorfer (1482–1538) vom bayerischen Herzog Wilhelm IV. im Rahmen eines geplanten Historienzyklus für die Münchner Residenz den Auftrag, die »Alexanderschlacht« zu malen. Was der begnadete Künstler dann 1529 bei Hofe ablieferte, verschlug den Herrschaften die Sprache. Und so geht es dem Betrachter im großen Saal der Alten Pinakothek, in unmittelbarer Nachbarschaft zu Albrecht Dürers Aposteln, noch heute: Er taucht ein in ein Schlachtengetümmel zuvor nicht gesehenen Ausmaßes. In ein Bild mit vielen tausend Kriegern. Und das auf der eigentlich kleinen Fläche von 158 mal 120 Zentimetern, Öl auf Holz.

Tausende Figuren zu Fuß, Krieger auf prachtvoll geschmückten Pferden, unzählige Köpfe, Gesichter, Details von Rüstungen, Waffen, Lanzen und Schilden, Zelte, Unterkünfte, fliehende Menschen, herbeipreschende Reiter. Eine Landschaft des Orients, Städte, Berge und das Mittelmeer. Es wirkt, als hätte Altdorfer keinen Reiter ausgelassen, die Heere bis zum letzten Mann gemalt. Das Zeltlager vor der Stadt. Dazu der fliehende Darius auf seinem Wagen, verfolgt von Alexander und seinen Reitern. Symbolik: die verblassende Mondsichel der Osmanen, die glühende Sonne der siegreichen Abendländer. Altdorfers Soldaten stecken in den Uniformen seiner Zeit. Die Griechen in Weiß-Blau, die Perser überwiegend in Rot, vielfach mit Turban. Ein Bild mit unzähligen Details, die jedes für sich genommen eine kleine bis ins Feinste ausgeführte Miniatur ergeben.

Adresse Alte Pinakothek, Barer Straße 27, 80333 München (Maxvorstadt), Tel. 089/ 23805216 | **Anfahrt** U3/4/5/6, Haltestelle Odeonsplatz; U2, Haltestelle Königsplatz oder Theresienstraße; Tram 27, Haltestelle Pinakotheken; Bus 100 (Museumslinie), Haltestelle Pinakotheken | **Öffnungszeiten** Mi–So 10–18 Uhr, Di 10–20 Uhr | **Tipp** An der Nordseite der Alten Pinakothek steht die Plastik eines Mannes mit Pferd, versehen mit Einschusslöchern aus dem Zweiten Weltkrieg. Davor eine Plexiglasscheibe mit dem Schriftzug »Wunden der Erinnerung«. Ein Projekt gegen das Vergessen.

2 Das Alpinum

Gebirgsflora im Botanischen Garten

Wer nicht in die Berge fahren möchte und dennoch Lust hat auf die Flora der Alpen, kann sich das Vergnügen im Botanischen Garten gönnen. Denn dort stößt man unmittelbar vor dem angelegten großen Teich auf einen Alpengarten, der zu den schönsten in deutschen Botanika gehört. Auf Steinen und Felsformationen, die dem Betrachter das Hochgebirge simulieren sollen, findet er die Alpenflora und seltene in Gebirgen wachsende Pflanzen. Da gedeihen Glockenblumen, Kuhschellen und Hahnenfuß, Enzian und Edelweiß.

München besitzt seit 1812 einen Botanischen Garten. Der »Alte Botanische Garten« westlich des Karlsplatzes (Stachus) gegenüber dem Justizpalast lag damals noch vor den Toren der Stadt. Als aber auf dem Gelände 1854 anlässlich der internationalen Industrieausstellung der Glaspalast gebaut wurde und die Stadt sich in den folgenden Jahrzehnten immer weiter auszudehnen begann, wurde der Alte Botanische Garten zu klein und schließlich in den 1930er Jahren in einen Stadtpark umgewandelt. 1914 fand dann die Eröffnung des Neuen Botanischen Gartens im damals eher noch ländlichen Nymphenburg statt. Heute werden auf 22 Hektar und in 4.500 Quadratmeter umfassenden Gewächshäusern rund 14.000 Pflanzenarten kultiviert. In den Frühlingsmonaten verwandelt sich der Garten in ein farbenprächtiges Blütenmeer, und das Alpinum steht in voller Pracht. Auch der Rhododendrenhain und der Rosengarten sowie der Schmuckhof mit seinen wechselnden Bepflanzungen sind sehenswert. In den Gewächshäusern können die Besucher in die Welt der Tropen eintauchen und sich an unzähligen Orchideen sattsehen.

Wer sich die üppige Alpenflora allerdings vor Ort anschauen möchte, kann das auch: Seit über 100 Jahren unterhält der Botanische Garten München in 1.860 Metern Höhe eine Außenstelle auf dem Schachen im Wettersteingebirge, mit einem Alpengarten von rund einem Hektar Größe und über 1.000 Pflanzenarten aus dem Hochgebirge, der auch als Forschungsstätte der Universität dient.

Adresse Menzinger Straße 65, 80638 München (Nymphenburg), Tel. 089/17861310 | **Anfahrt** Tram 17, Haltestelle Botanischer Garten | **Öffnungszeiten** Nov.–Jan. Mo–So 9–16.30 Uhr; Feb., März und Okt. Mo–So 9–17 Uhr; April, Sept. Mo–So 9–18 Uhr; Mai–Aug. Mo–So 9–19 Uhr | **Tipp** Vom Botanischen Garten gibt es einen Durchgang zum Park des Schlosses Nymphenburg. Zu empfehlen dort: das Palmenhaus, ein Café und Restaurant, in dem man unter exotischen Pflanzen sitzt.

3 Die Alte Heide

Wohnen wie in den 1920er Jahren

Diejenigen, die dort wohnen, möchten eigentlich nicht mehr weg. Das haben diese Wohnoasen wie Bastei, Barbarasiedlung oder auch die Siedlung im Englischen Garten alle gemeinsam. Sie bieten in besten Lagen bezahlbaren Wohnkomfort, meist umgeben von viel Grün, vermitteln so etwas wie Geborgenheit im urbanen Treiben, ein spezielles Gefühl der Zusammengehörigkeit, wie es nur geschlossene Siedlungen vermögen, ohne gleich spießig daherzukommen. So verhält es sich auch mit der Alten Heide im Münchner Norden.

Es war eine breit angelegte Initiative zur »Verbesserung der Wohnungsverhältnisse in München«, die nach dem Ersten Weltkrieg mit der Alten Heide die bis dahin größte Kleinwohnungsanlage der Stadt verwirklichte. Unter Leitung des Architekten und Stadtplaners Theodor Fischer (1862–1938), der zu Beginn des letzten Jahrhunderts als Vorstand des Stadterweiterungsreferats einen bis zum Zweiten Weltkrieg gültigen Generalbebauungsplan für München aufstellte, entstand zwischen 1919 und 1928 dieser wegweisende Gartenwohnpark, der bis in die 1990er Jahre hinein immer wieder Vorbildcharakter hatte.

Die Alte Heide umfasst heute rund 30 Häuser, allesamt lang gestreckte dreistöckige Wohngebäude, unterbrochen von Gärten und kleinen Parkanlagen. Die sogenannte Staffelbauweise Fischers, der auch Vorsitzender des Werkbundes und Mitglied der Deutschen Gartengesellschaft war, gab dieser Siedlungsform etwas Leichtes, das bis heute Bestand hat. Die Häuser stehen parallel zueinander, im rechten Winkel zu den Straßen und sind durch Wege und Gärten voneinander getrennt. Sie verstehen sich ausdrücklich nicht als sogenannte Mietskasernen. Hauptsächlich zogen in die Zwei- bis Fünf-Zimmer-Wohnungen Arbeiter der damaligen Maffei-Werke in der Hirschau sowie Angestellte von Post, Bahn und Stadt. Heute sind die Wohnungen im Besitz verschiedener Wohnungsbaugesellschaften, sind Miet- oder Eigentumswohnungen.

Adresse Alte Heide, 80805 München (Freimann) | **Anfahrt** U6, Haltestelle Alte Heide | **Tipp** Der nahe Jüdische Friedhof in der Garchinger Straße lohnt einen Besuch. Hier findet man die Gräber von Kurt Eisner und Gustav Landauer.

4 Die Artothek

Kunst für zu Hause und für jedermann

Die Idee besticht, und dennoch ist die Artothek den wenigsten Münchnern ein Begriff. Dabei ist das Konzept, das ursprünglich aus Skandinavien und den Niederlanden stammt und inzwischen in zahlreichen deutschen Großstädten umgesetzt wurde, ganz einfach. So wie man in Bibliotheken Bücher ausleihen kann, kann man aus der Artothek Kunst mit zu sich nach Hause nehmen. Die 1986 gegründete Artothek München versteht sich als Kunstraum der Stadt, der gleichermaßen Kunstverleih und Ausstellungsraum ist.

Wer Lust verspürt, die heimischen Wände mal mit Originalkunst zu schmücken und nicht immer nur mit Reprints und Plakaten, dessen Geldbeutel aber zu schmal ist, Kunst käuflich zu erwerben, der ist in der Artothek richtig. Er kann sich gegen eine geringe Gebühr Kunstwerke Münchner Künstler und Künstlerinnen ausleihen, für die Privatwohnung ebenso wie fürs Büro. Rund 1.500 zeitgenössische Werke verschiedener Stilrichtungen hat die Artothek im Depot. Ziel der städtischen Artothek ist es, möglichst vielen Münchnern auf diese Weise den Zugang zur Kunst zu erleichtern, unabhängig von ihren finanziellen Ressourcen. Mit diesem Konzept, das auf viel Resonanz stößt, soll die Kunstszene der Stadt belebt werden. So veranstaltet die Artothek in ihren Räumen regelmäßig Ausstellungen mit Künstlern aus München und der näheren Umgebung, Einzel- und Gruppenausstellungen. Vielfach werden die gezeigten Bilder dann nach Begutachtung einer Kommission angekauft – zum Verleih. Will jemand ein Bild erstehen, wird durch die Artothek der Kontakt zum Künstler und seinem Atelier hergestellt, auf Wunsch wird er beraten. Alle Bürger des Großraums München sind zur Bildausleihe berechtigt, sie müssen lediglich einen gültigen Personalausweis vorlegen. Leihzeiten sind ein, zwei und vier Monate, die Kosten belaufen sich auf 2,60 Euro pro Bild und Monat für eine Privatperson, bei der gewerblichen Nutzung auf 5,10 Euro. Mit der Leihgebühr sind die Bilder versichert.

Adresse Rosental 16 (in den Arkaden auf der Rückseite des Münchner Stadtmuseums), 80331 München (Altstadt), Tel. 089/23269635 | Anfahrt U3/6, Haltestelle Marienplatz | Öffnungszeiten Mi, Fr 14–18 Uhr, Do 14–19.30 Uhr, Sa 9–13 Uhr | Tipp In der Maximilianstraße 42 empfiehlt sich die Galerie der Künstler mit wechselnden Ausstellungen.

5 Der Asphaltsee

Rainer Werner Fassbinder im Arnulfpark

Viele laufen einfach darüber hinweg, stolpern gar über das Kunstwerk, das sich »Asphaltsee« nennt und dem Filmemacher Rainer Werner Fassbinder auf dem nach ihm benannten Platz am Beginn des neu geschaffenen Arnulfparks gewidmet ist. 2007 entstand diese eigenwillige Plastik für den 1982 mit 37 Jahren in München gestorbenen Regisseur und Schauspieler, dessen künstlerisches Werk unumstritten ist, der aber zeitlebens heftig polarisierte. Der 1960 geborene Amberger Künstler und Bildhauer Wilhelm Koch hat mit seinem großflächigen Bodenrelief eben diese »vielseitige, ungebändigte Schaffenskraft« Fassbinders zum Ausdruck bringen wollen, ins Bild gesetzt durch das »alltägliche, kraftvolle, organische und ausufernde Material« Asphalt. 60 Tonnen Gussasphalt, auf 245 Grad erhitzt, wurden flüssig ausgeschüttet, in mehreren, fünf Zentimeter dicken Schichten übereinander, die dann beim Ausfließen erstarrten. So entstand der 400 Quadratmeter große Asphaltsee, der jetzt auf dem Rainer-Werner-Fassbinder-Platz liegt. In die heiße formbare Oberfläche des Asphalts wurden alle 43 Filmtitel – von »Katzelmacher« bis »Berlin Alexanderplatz« – und seine elf Theaterstücke und Hörspiele in zwölf Zentimeter großen Buchstaben gestanzt, ebenso wie der Namenszug des Filmemachers. Das Objekt ist begehbar, der Platz für Veranstaltungen aller Art benutzbar.

Vor allem steht hier die Kultur ganz hoch im Kurs. Das liegt auch an der direkt an den Platz angrenzenden »Freiheizhalle«, einem zur Eventhalle umgebauten früheren Turbinen- und Heizkraftwerk der Bahn, das mit Kabarett, Theater und Rockkonzerten aufwartet. Der gesamte Arnulfpark entlang der Arnulfstraße zwischen Donnersberger- und Hackerbrücke war früher Bahngelände und Standort des Containerbahnhofs. Im Rahmen eines gewaltigen Infrastrukturprogrammes wurde das Gelände seit 2004 entwickelt und ausgebaut, ausgelegt für rund 1.000 neue Wohnungen und Bürogebäude mit 4.500 Arbeitsplätzen entlang der Bahngleise.

Adresse Rainer-Werner-Fassbinder-Platz, 80636 München (Neuhausen) | **Anfahrt** S1/2/3/4/6/7/8, Bus 53/133, Haltestelle Donnersbergerbrücke; Tram 16/17, Haltestelle Donnersbergerstraße; Tram 18/19, Haltestelle Trappentreustraße | **Öffnungszeiten** immer begehbar, Freiheizhalle Tel. 089/51242949 | **Tipp** Es lohnt ein Gang durch den Arnulfpark Richtung Hauptbahnhof mit seiner interessanten Architektur der neuen Wohn- und Bürohäuser.

6 Das Augustinerkindl

In der Fußgängerzone ruht das Gnadenkind

Es schaut den Besucher des schummrig beleuchteten Kongregationsmuseums aus dem schräg gelegten Kopf mit großen Augen an. Und je länger man die mächtige Glasvitrine betrachtet, um Details zu erfassen, desto deutlicher brennen sich einem die Konturen des einfach nur daliegenden Kindes ein. Dieses lebensgroßen Säuglings aus Wachs, der in enge Windeln geschnürt und bis zu den Schultern so gewickelt ist, dass er sich nicht rühren oder strampeln kann. Eingebettet in eine gemalte Krippenszene. Aber dieses sogenannte »Fatschenkind«, so wie in Bayern diese Art Wickelkinder genannt wurde, die besonders in der Barockzeit Verehrung fand, ist ein ganz besonderes, ist sozusagen das Original, denn nicht wenige katholische Familien besitzen diesen Säugling in verkleinerter Kopie daheim.

Das Augustinerkindl ist berühmt, und nahezu jeder Münchner hat es irgendwie schon mal gesehen, auf Postkarten, Andachts- oder Heiligenbildern. Dabei liegt dieses Gnadenkind abseits aller Hektik der Fußgängerzone in der Bürgersaalkirche, seit 1817 schon auf einem roten Samtkissen mit goldener Krone. Da nämlich wurde das bereits um 1600 modellierte »Gnadenkindl«, das bis zur Säkularisation dem Münchner Augustinerkloster gehörte, auf Geheiß des Kronprinzen Ludwig dem um 1700 von Giovanni Antonio Viscardi erbauten und seit 1778 als Kirche genutzten Bürgersaal übergeben, und damit der »Marianischen Männerkongregation Mariä Verkündigung«, einer Gemeinschaft von Männern in der katholischen Kirche, zu deren berühmtesten Mitgliedern Pater Rupert Mayer gehörte.

Das Augustinerkindl ist mit zahlreichen Votivgaben versehen, mit Edelsteinen, Silbermünzen, Ketten und Perlenschmuck. Besonders verehrt wird das Gnadenkind, das die Säkularisation und die Zerstörung der Bürgersaalkirche im Zweiten Weltkrieg unversehrt überstanden hat, zwischen Weihnachten und dem Heiligdreikönigstag.

Adresse Neuhauser Straße 14, 80331 München (Altstadt) | **Anfahrt** S1/2/3/4/6/8, U4/5, Haltestelle Karlsplatz (Stachus) | **Öffnungszeiten** Museum Fr–Mi 10–12 Uhr und 16–18.30 Uhr, Do bis 21 Uhr | **Tipp** Die Bürgersaalkirche mit Unter- und Oberkirche ist sehenswert.

7 Das Außenbecken

Mitten in Schwabing genüsslich draußen schwimmen

Was sich im nördlichen Schwabing hinter der hohen Mauer zwischen Elisabeth- und Hohenzollernstraße verbirgt, findet man in städtischen Quartieren nur äußerst selten. Ein großes, ganzjährig geöffnetes und stets auf 34 Grad beheiztes Rundwasserbecken, versehen mit Sprudelliegen, Massagedüsen und Strömungskanal, unmittelbar verbunden mit der großen Schwimmhalle des Nordbades. Das Außenbecken liegt inmitten eines großen Gartens mit weiten Liegewiesen und hat sich zu einem Badevergnügen bei jedem Wetter entwickelt. Im Grunde genommen handelt es sich um einen überdimensionierten Whirlpool im Freien. Und das mitten in Schwabing.

Im gesamten Nordbad scheint alles eine Nummer größer und opulenter als in den anderen Hallenbädern. Schon das Gebäude in der Schleißheimer Straße ist gigantisch. Im monumentalen neoklassizistischen Stil der Nazizeit von den beiden Architekten und Münchner Stadtbauräten Karl Meitinger (1882–1970) und Philipp Zametzer (1898–1990) gebaut, wurde das Nordbad 1941 eröffnet, versehen mit einem riesigen Mosaik über der Tribüne des 33 mal 13 Meter großen Schwimmbeckens in der imposanten Schwimmhalle. Im Zuge einer Generalrenovierung und Modernisierung Anfang der 1990er Jahre wurde das Außenbecken angelegt. Das Nordbad verfügt über einen großen Saunabereich und ein sogenanntes Sanarium mit unterschiedlich temperierten Warmlufträumen. Die Spezialität: Zur ganzheitlichen Entspannung wechseln die Lichtfarben, rauscht ein Wasserfall und zwitschern Vögel. Der von der Straße her zu besuchende Cafépavillon hat einen eigenen Bereich für Badegäste.

Vor dem Nordbad stechen die 1990 beiderseitig des Eingangs errichteten Marmorskulpturen »Oculus memoriae« und »Oculus oblivionis« des französischen Künstlerehepaar Anne und Patrick Poirier hervor. Die Augen des »Erinnerns« und »Vergessens« sind die überdimensionierten Augenpartien des »David« von Michelangelo und sollen einen Bezug zur Geschichte des Gebäudes herstellen.

Adresse Nordbad, Schleißheimer Straße 142, 80797 München (Schwabing), Tel. 089/23615050 | **Anfahrt** U2, Haltestelle Hohenzollernplatz; Tram 12/27, Bus 53/154, Haltestelle Nordbad | **Öffnungszeiten** täglich 7.30–23 Uhr, das Außenbecken bis 22 Uhr | **Tipp** Dem Nordbad gegenüber befindet sich vor dem Neubau des Stadtarchivs die Skulptur »Memoria historiae« des Ehepaars Poirier, eine vergoldete Aluminiumscheibe und eine hoch aufragende Säule aus Edelstahl.

8 Die Automatenuhr

In der Frauenkirche steht alles andere als ein Spielzeug

Täglich um Punkt 12.10 Uhr ist es so weit: Dann bewegt sich der Automat, fährt »Leben« in die Holzfiguren, beginnen Maria und Jesus vor Gott zu treten, um Fürbitte für den reuigen Sünder zu leisten. Und dazu bewegt Gottvater sein Schwert, das er in den Händen hält. Dann kommt Leben in die Uhr, ganz außer der Reihe, und einer der Kirchenbediensteten behauptet, bis vor einigen Jahren habe sich dieses tägliche Ritual immer fünf Minuten später, also um 12.15 Uhr zugetragen. Irgendetwas habe sich verändert mit der Automatenuhr, aber ohne jede Fremdeinwirkung. Ein Mysterium vielleicht. Denn diese riesige hölzerne Uhr hier links vorn im Mittelschiff zwischen Sakraments- und Sebastianskapelle hat immer funktioniert, seit Jahrhunderten, unterbrochen von nur wenigen Reparaturen, Feinjustierungen und den Zerstörungen im Krieg.

Die Automatenuhr der Münchner Frauenkirche gilt als ältester erhaltener Bildautomat Münchens und datiert zurück auf das Jahr 1568. Wie in vielen Kirchen hatte die Automatenuhr primär die Funktion, die Geistlichen zu bestimmten Tageszeiten zum Gebet zu rufen, weniger die Uhrzeit anzuzeigen. Aber dieser Uhrentypus, der meistens ins Chorgestühl integriert war, konnte viel mehr und kann es bis heute.

Das mechanisch angetriebene Figurentheater um Gottvater soll die Rettung der Menschen durch Maria und Jesus symbolisieren. Und das obere Zifferblatt mit den beweglichen Löwen verortet die Menschen nach Bayern, ein immer wiederkehrendes Ritual. Wer die über zwei Meter hohe Holzuhr gebaut hat, ist nicht bekannt, die filigranen Figuren stammen aller Wahrscheinlichkeit von Erasmus Grasser, der ja im Dom noch an zahlreichen anderen Stellen präsent ist. Sehenswert in der Frauenkirche sind auch die Benno-Kapelle mit dem Benno-Reliquiar, dem Patron von München und Bayern, und das Wittelsbacher Kenotaph Kaiser Ludwigs des Bayern gleich am Eingang rechts.

Adresse Frauenkirche, Frauenplatz 1, 80331 München (Altstadt) | **Anfahrt** U3/6, Haltestelle Marienplatz; U4/5, Haltestelle Karlsplatz/Stachus | **Öffnungszeiten** Sa–Mi 7–19 Uhr, Do bis 20.30 Uhr, Fr bis 18 Uhr, Domführungen Mai–Sept. Di, Do, So 14 Uhr, Turmbesichtigungen April–Okt. Mo–Sa 10–17 Uhr | **Tipp** Die gutbürgerlichen Gaststätten »Nürnberger Bratwurst Glöckl« und »Andechser am Dom« befinden sich dicht an der Frauenkirche.

9 Das Bamberger Haus

Viel Idylle im malerischen Luitpoldpark

Als der bayerische Prinzregent Luitpold 1911 seinen Geburtstag feierte, bekam er von der Stadt München ein ganz besonders nachhaltiges Geschenk. Ihm zu Ehren wurde am damals noch nördlichen Stadtrand der rasant wachsenden Metropole ein 33 Hektar großer Park angelegt, der seinen Namen tragen sollte. Und an dessen südlichem Eingang wurde, zentral gelegen, ihm zu Ehren ein 17 Meter hoher Obelisk aus fränkischem Muschelkalk errichtet, umgeben von 90 Linden und 25 Eichen, die das Lebensalter des Prinzregenten und die Jahre seiner Regentschaft symbolisieren sollten. Sie stellen heute noch den Kern des Parks dar. Am 11. März 1911, dem 90. Geburtstag des Prinzregenten, wurde schließlich symbolträchtig die 90. Linde gepflanzt und der Park der Öffentlichkeit übergeben.

Den runden Geburtstag hätten der Prinzregent und seine Entourage auch im am westlichen Eingang des Parks gelegenen Bamberger Haus feiern können, das im selben Jahr als Café eröffnet wurde. Der Architekt Joseph Rank hatte das im Barockstil gehaltene Palais fertiggestellt und war dabei, es mit einer ungewöhnlichen Fassade zu versehen. Er hatte nämlich kurz zuvor im Auftrag der Stadt München Dekor-Fassadenteile eines zum Verkauf stehenden barocken Wohnhauses des frühen 18. Jahrhunderts aus der Bamberger Innenstadt erworben. Diese Dekorarbeiten mit prächtigen Ornamenten, Blumengebinden und Muschelkreationen baute er in die Außenfassade ein. So erhielt das Palais den Namen Bamberger Haus. Im Zweiten Weltkrieg wurde es nahezu völlig zerstört und erst in den 1980er Jahren wieder aufgebaut, grundlegend saniert und wiedereröffnet. Es beherbergte anschließend verschiedene Restaurationen und eine hauseigene Brauerei. Heute ist das neobarocke Parkschlösschen, das sich im Besitz der Stadt München befindet, mit seiner ausladenden, idyllischen Terrasse ein Ausflugslokal mit bayerischer, mexikanischer und brasilianischer Küche.

Adresse Brunnerstraße 2, 80804 München (Schwabing), Tel. 089/3088966 | Anfahrt U2/3, Bus 144, Tram 12, Haltestelle Scheidplatz; U3, Haltestelle Petuelring | Öffnungszeiten »La Villa« im Bamberger Haus: Di–Do 11–1 Uhr, Fr, Sa 11–3 Uhr, So 10–1 Uhr | Tipp Es lohnt ein Aufstieg auf den 37 Meter hohen Luitpoldhügel, der aus dem Kriegsschutt des zerstörten Münchens entstanden ist. Nördlich des Bamberger Hauses stößt man auf den Pumucklbrunnen mit seinen überraschenden Wasserfontänen.

10 Die Barbarasiedlung

Das Quartier der Pferdekutschen

Wenn man am späten Vormittag, vorausgesetzt, der Tag verspricht wettermäßig stabil zu bleiben, auf dem Asphalt der Elisabeth- und Franz-Joseph-Straße in Schwabing Pferdegetrappel vernimmt, weiß der Kenner, dass sich Hans Holzmann auf dem Weg zur Arbeit befindet. Ganz in Schwarz oder mit einer anthrazitfarbenen Weste über dem weißen Hemd und stets mit Zylinder führt ihn seine Fahrt, in gleichmäßigem Trab und höchstens durch eine rote Ampel unterbrochen, in den Englischen Garten. Stolz sitzt er auf dem Kutschbock, grüßt wie ein alter Bekannter freundlich nach rechts und links und steuert seine beiden Schimmel zum festen Standplatz des Familienunternehmens am Chinesischen Turm. Wie seit Jahrzehnten schon. Aber woher kommt dieses Gespann am sonnigen Morgen eines gewöhnlichen Wochentages? Wo hat es sein Quartier, wo stehen die Kutschen, logieren die Pferde?

Ganz in der Nähe, in der Barbarasiedlung, im Dreieck von Schwere-Reiter-, Barbara- und Infanteriestraße. In diesem architektonischen Kleinod, weitab allen Großstadtrummels, ist die einzige Kutscherei Münchens zu Hause, die über das exklusive Recht verfügt, nicht nur im Englischen Garten zu fahren, sondern auch die Münchner Fußgängerzone zu durchqueren. 1945 wurde das Kutschereiunternehmen gegründet, seit 1989 führen es Hans Holzmann und seine Frau Susanne, eine renommierte Sattlerin. In der Barbarasiedlung mit ihren Ein- bis Vierfamilienhäusern, fast alle mit kleinen eingezäunten Vor- und Nutzgärten versehen, und einer eigenen privaten Straße, stehen die Fiaker, Hochzeitskutschen und Landauer. Die Häuser der ab 1909 für militärische Bedienstete und ihre Familien der nahen Kasernen am Oberwiesenfeld errichteten Siedlung zeichnen sich durch eine teilweise lockere Fachwerkbauweise, unterschiedliche Dachkonstruktionen und variable Größen mit imposanten Schornsteinen aus, bilden aber dennoch eine geschlossene Einheit. Die Barbarasiedlung steht unter Ensembleschutz.

Adresse Schwere-Reiter-Straße 22, 80797 München (Schwabing) | **Anfahrt** Tram 12, Haltestelle Infanteriestraße oder Barbarastraße; Tram 12/20/21, Haltestelle Leonrodplatz | **Öffnungszeiten** Die Siedlung mit ihrer kleinen Innenstraße ist jederzeit zu besichtigen, Bürozeiten der Kutscherci: Mo–So 10–12 Uhr, Tel. 089/180608 | **Tipp** In der Heßstraße 132 stößt man auf die alte Reithalle, heute ein Ort für Theater, Konzerte und verschiedene Events. Zu Fuß ist man schnell im Olympiagelände.

11 Die Basketballhalle

Als wäre hier ein Ufo gelandet

Als die Rudi-Sedlmayer-Halle, benannt nach dem von 1955 bis 1973 amtierenden Präsidenten des Bayerischen Landessportverbandes, zu den Olympischen Spielen 1972 für die Basketball-Wettkämpfe gebaut wurde, stand sie plötzlich wie ein Ufo in der Landschaft und wurde von den Münchnern wegen ihrer ungewöhnlichen Architektur und ihres futuristischen Aussehens neugierig und bewundernd bestaunt. Inzwischen ist die Halle, die heute hinter dichtem Grün am Rande des Westparks optisch weitgehend verschwunden ist, den meisten Münchnern nur noch schemenhaft in Erinnerung. Das lag auch an ihrer diffusen Nutzung. Nach Olympia fanden dort Rockkonzerte und Boxveranstaltungen statt, Bruce Springsteen sang hier, und die Klitschko-Brüder boxten um Titel. 1983 ging hier der 28. Eurovision Song Contest über die Bühne, Kongresse und Ausstellungen folgten. Aber die großen Events wurden immer rarer, die sich in städtischem Besitz befindliche Halle geriet zunehmend in Vergessenheit und wurde langsam baufällig. 2003 wurde sie schließlich ganz geschlossen, alle Wiederbelebungsversuche der Arena bis hin zur Großraumdisco in den folgenden Jahren scheiterten.

Bis der FC Bayern München als Betreiber in die Bresche sprang. Die neuen Mieter aus der Säbener Straße verordneten dem Rundbau des Architekten Georg Flinkerbusch mit seiner flächendeckenden Aluminium-Außenfassade eine Generalüberholung. Auf den neuen Tribünen, die nun direkt ans Spielfeld grenzen, haben 6.700 Zuschauer Platz. Hinzu kommt eine Vip-Lounge für 360 Personen. Die Arena erhielt einen neuen Boden, der Brandschutz wurde auf den aktuellsten Stand gebracht, eine Gastronomie etabliert. Seit 2011 firmiert die Halle als »Audi Dome« und ist exklusiver Spielort der Basketballmannschaft des FC Bayern München. Mindestens bis 2016 sollen hier alle Heimspiele ausgetragen werden. Vier Jahrzehnte nach Olympia hat die Basketballhalle zu ihrer eigentlichen Bestimmung zurückgefunden.

Adresse Grasweg 74, 81373 München (Westend), Tel. 089/20057000 | **Anfahrt** U4/5 und S7/20/27, Haltestelle Heimeranplatz; U6, Haltestelle Westpark; Tram 18, Haltestelle Fachnerstraße; Bus 133, Haltestelle Siegenburger Straße | **Öffnungszeiten** Man kann sich die Halle jederzeit von außen ansehen, geöffnet ist sie an Spieltagen. | **Tipp** Nach wenigen Metern ist man im östlichen Teil des Westparks.

12 Die Berliner Mauer

Auch in München gibt es ein Symbol der Teilung

Was hat München mit der Berliner Mauer zu tun? Eigentlich nichts. Und dennoch steht ein Stück Mauer mitten in München, unmittelbar am Englischen Garten. Und das kam so: Bereits 1990, kurz nach dem Fall der Berliner Mauer, hatte der CSU-Bundestagsabgeordnete Johannes Singhammer von den Nachlassverwaltern der Wende ein Stück Berliner Mauer gekauft. Auf eigene Kosten ließ er es mit einem Tieflader nach München transportieren und deponierte es im eigenen Garten. Als dann im Laufe der folgenden Jahre bundesweit Dutzende von Gedenksteinen und Mahnmalen aufgestellt wurden, die an das Ende der DDR und die Wiedervereinigung der beiden deutschen Staaten erinnern, mitunter auch Originalreste der Berliner Mauer, mit eingelassenen Platten und Tafeln, sollte nach dem Willen des CSU-Mannes München nicht hintanstehen. Er offerierte seine Mauer dem Münchner Stadtrat, der aber ein ums andere Mal dankend ablehnte und dafür keinen repräsentativen Platz zur Verfügung stellen wollte. Da zog Singhammer die Landeskarte. Er schenkte das Stück Mauer dem Freistaat Bayern, und der damalige bayerische Kultusminister organisierte postwendend den attraktiven Platz am Rande des Englischen Gartens, in unmittelbarer Nähe zur Bayerischen Staatskanzlei und schräg gegenüber dem stets festungsähnlich bewachten amerikanischen Generalkonsulat. Mehr Symbolik ging nicht. Das mächtige Stück Berliner Mauer wurde im Münchner Boden verankert und von dem Bildhauer Joachim Maria Hoppe zum Kunstobjekt gestaltet. Er versah das originale Mauerstück mit drei schräg in den Boden eingelassenen, begehbaren rostfarbenen Eisenplatten, die sich nach links und rechts neigend den Mauerdurchbruch und die Vergänglichkeit symbolisieren sollen. Anfang Oktober 1996, zum sechsten Jahrestag der Wiedervereinigung, wurde das Betonstück vom damaligen bayerischen Ministerpräsidenten Edmund Stoiber als »Mahnmal für Frieden und Wiedervereinigung« feierlich eingeweiht.

Adresse Königinstraße/Ecke Schönfeldstraße, 80539 München (Maxvorstadt) | **Anfahrt** U3/4/5/6, Haltestelle Odeonsplatz; Tram 18, Haltestelle Nationalmuseum/Haus der Kunst | **Tipp** Es ist nicht weit bis zum Institut français mit seinem schönen Garten, Kaulbachstraße 13, und zum Schlangenbrunnen vor der Bibliothek der Tierärztlichen Fakultät, Königinstraße 10.

13 Das Biermuseum

Ein wenig Theorie für fröhliche Zecher

Die Sterneckerstraße, unmittelbar vor dem Isartor, ist so winzig, dass sie in vielen Stadtplänen nicht verzeichnet ist. Umso erstaunlicher, dass sie ein Museum der ungewöhnlichen Art bereithält. Schon das Haus ist einen Besuch wert.

Erbaut wurde es nach dem großen Stadtbrand von 1327 im Zuge der von Ludwig dem Bayern verordneten Stadterweiterung parallel zum Bau des Isartores und unmittelbar vor der Stadtmauer. Das über vier Stockwerke reichende Gebäude, in dem einst neben einem Gewerbebetrieb im Untergeschoss bis zu zehn Parteien gewohnt haben dürften, war Ende des 16. Jahrhunderts saniert worden und über mehr als vier Jahrhunderte durchgehend bewohnt. Es gilt heute als eines der ältesten Münchner Bürgerhäuser. Markantestes Element ist die erhaltene Himmelstreppe, die unmittelbar hinter dem Eingang steil nach oben bis ins Dachgeschoss führt. Von ihr gelangt man durch alte Holztüren auf die einzelnen Etagen, in denen sich das Museum befindet. Das von der Edith-Haberland-Wagner-Stiftung, der auch zu 50 Prozent die Augustinerbrauerei gehört, erworbene Haus und betriebene Museum wurde in enger Zusammenarbeit mit dem Landesamt für Denkmalpflege in den 1990er Jahren neuerlich grundsaniert. Alte Wandmalereien wurden freigelegt, das Flusskieselmauerwerk restauriert, der Charakter des Hauses bis ins Detail erhalten.

Man muss schon den Kopf einziehen, um nicht an die Türstöcke zu schlagen, wenn man durch die schmalen Gänge und die verwinkelten Räume der vier Etagen des 2005 eröffneten Bier- und Oktoberfestmuseums geht. Hier kann man unzählige Exponate und Devotionalien rund ums Bier, die Münchner Brauereitradition und das über 200 Jahre alte Oktoberfest bestaunen.

Und dann gibt es im Erdgeschoss noch das Museumsstüberl, in dem auf Wunsch Biere aller sechs Münchner Brauereien ausgeschenkt werden.

Adresse Sterneckerstraße 2, 80331 München (Altstadt), Tel. 089/24231607 | **Anfahrt** S1/2/3/4/6/7/8, Haltestelle Marienplatz oder Isartor; U3/6, Haltestelle Marienplatz | **Öffnungszeiten** Di–Sa 13–18 Uhr | **Tipp** Hinter dem Viktualienmarkt schließt der sehenswerte mittelalterliche Alte Markt an.

14 Der Biergarten am Platzl

Oase der Ruhe inmitten des Rummels

Das Hofbräuhaus ist eine Institution von Weltruf und mit dem Image von München untrennbar verbunden. Es steht für bayerische Gemütlichkeit, Bierseligkeit, Feiern und Geselligkeit, aber auch für Krachledernes, Lautes und Dumpfes. Die meisten Münchner waren, wenn man sie fragt, irgendwann vor Urzeiten mal im Hofbräuhaus. Sie überlassen dieses Etablissement am Platzl mit Vorliebe den Stammtischen und Touristen. Tatsächlich ist das Hofbräuhaus eine Domäne der München-Besucher, denn zu jeder guten München-Visite, allemal wenn man das erste Mal in der Stadt ist, gehört ein Besuch dieser Bierhochburg, dem wahrscheinlich berühmtesten Wirtshaus der Welt.

Aber es gibt im Hofbräuhaus etwas, das auch jedem Münchner ans Herz gelegt sein sollte und das man hier am Platzl nicht vermutet. Man muss nur weit genug hineindringen in die Institution Hofbräuhaus und durch die gewaltige Schwemme schreiten, den mächtigen Torbogen passieren, und dann tut sich hinter den historischen Mauern ein herrlicher Garten mit geschwungenen Arkaden, dem Löwenbrunnen und großen alten Kastanien auf. Das Hofbräuhaus outdoor, ein echtes Juwel für bis zu 400 Gäste. Ein innerstädtischer Biergarten in einem nicht vermuteten Ambiente.

Ende des 16. Jahrhunderts hatte Herzog Wilhelm V. veranlasst, ein Brauhaus zu bauen, um den Wittelsbacher Hof mit seinem personalintensiven Apparat mit eigenem Bier zu versorgen, das bisher immer für viel Geld gekauft werden musste. Seither ist das Hofbräuhaus in hoheitlichem Besitz, zuerst war es Königliches Hofbräuhaus, 1852 ging es per Dekret König Maximilians II. in den Besitz des bayerischen Staates über, für den es bis heute eine lukrative Einnahmequelle darstellt.

Das Hofbräuhaus in seiner heutigen Form gibt es seit 1897. Da wurde die Hofbrauerei in die Wiener Straße verlegt und das Staatliche Hofbräuhaus am Platzl endgültig zum gastronomischen Mekka umfunktioniert.

Adresse Platzl 9, 80331 München (Altstadt), Tel. 089/290136100 | Anfahrt U3/6, Haltestelle Marienplatz | Öffnungszeiten täglich 9–23.30 Uhr | Tipp Der Hofbräukeller am Wiener Platz verfügt ebenfalls über einen der schönsten Biergärten Münchens.

15 Das Blutenburg-Theater

Kriminelles nach Einbruch der Dunkelheit

Hier fließt Blut. Hier wird geschossen und gemordet. Es wird gefahndet und verhaftet. Und alles unter Hochspannung. Meistens geht es munter zu auf der kleinen Bühne des wahrscheinlich ungewöhnlichsten Theaters der Stadt, manchmal wird aber auch ganz cool ermittelt. Für Krimifreunde handelt es sich beim Blutenburg-Theater um eine erste Adresse, aber auch alle anderen Theaterfreunde erleben hier den Nervenkitzel.

Das Blutenburg-Theater in Neuhausen, in einem Bürgerhaus der Jahrhundertwende beheimatet, ist heute eines der wenigen Kriminaltheater Deutschlands und war bei der Eröffnung 1983 das erste seiner Art überhaupt. Heute gibt es noch vergleichbare Häuser in Berlin und Hamburg.

Gespielt werden ausschließlich Kriminalstücke, vielfach Adaptionen erfolgreicher literarischer Vorlagen von Krimiklassikern wie Agatha Christie und Edgar Wallace. Doch auch neuere Stücke stehen auf dem Spielplan. Neben dramatischen Storys und Thrillern gibt es aber mitunter auch Gaunerkomödien zu sehen. In aller Regel geht es, wenn sich der rote Vorhang hebt, auf der kleinen Bühne richtig zur Sache, erleben die Zuschauer, darunter viele Stammgäste, die keine Neuinszenierung auslassen, auf den 100 blauen Polstersitzen Spannung und Gänsehaut pur.

Münchens Kriminalbühne ist ein privat geführtes Theater ohne jede öffentliche Subvention. Auf dem Spielplan stehen jährlich drei bis vier Stücke. Das Haus, das zuvor jahrzehntelang als Stadtteilkino genutzt wurde, hat unter der Leitung von René Siegel-Sorell und Anne-Beate Engelke rund 20 Mitarbeiter, darunter wenige fest angestellte Schauspieler. Ansonsten agieren die Darsteller mit Stückverträgen. Das Kriminaltheater verfügt über eine kleine Theater-Bar, die mit mörderischen Cocktails aufwartet wie »Gänsehaut« oder »Kalte Leiche«, »Sherlock Holmes« oder »James Bond«. Ganz unter dem Motto: »Trink's oder stirb!«

Adresse Blutenburgstraße 35, 80636 München (Neuhausen), Tel. 089/1234300 | Anfahrt U1, Haltestelle Maillingerstraße; Tram 16/17, Haltestelle Marsstraße | Öffnungszeiten Vorverkauf Mo–Sa 17–19 Uhr, Abendkasse ab 19 Uhr | Tipp Von hier ist es nicht weit zum Löwenbräukeller am Stiglmaierplatz.

16_Die BMW Welt

Futuristisches weit über den Autokauf hinaus

Über 250 Architekten beteiligten sich an dem Wettbewerb für die neue BMW Welt, knapp 30 kamen in die engere Auswahl, schließlich gewann der Entwurf des renommierten Wiener Architekturbüros Coop Himmelb(l)au. Seit 2007 prangt der außergewöhnliche architektonische Bau aus Stahl und Glas unmittelbar vor dem BMW Museum und dem vierzylindrigen Hochhaus der Konzernzentrale, die beide seit 1999 unter Denkmalschutz stehen, und dem sich anschließenden BMW-Stammwerk mit allem, was eine Automobilproduktion ausmacht: Presswerk, Karosseriebau, Lackiererei und Montage. Mit diesem riesigen Areal und der eigenwilligen Architektur beherrscht der bayerische Autobauer, in unmittelbarer Nachbarschaft zum Olympiagelände, eine eigene Autocity innerhalb der Stadt München.

Die von Coop Himmelb(l)au geschaffene, eine halbe Milliarde Euro teure BMW Welt umfasst ein rund 180 Meter lang gestrecktes und 130 Meter breites Gebäude, das von einer schwerelos und schwebend wirkenden Dachkonstruktion überspannt ist, die von einem Dutzend Stützpfeiler getragen wird. Über das gesamte Dach erstrecken sich 3.600 zu einer optischen Einheit verbundene Solarzellen. Dominiert wird der Bau durch einen vorgesetzten mächtigen Doppelkegel aus poliertem Stahl, der einen Tornadowirbel und damit unbändige Dynamik symbolisieren soll, der sich ins Innere des Hauptgebäudes schraubt.

Bei dieser Wucht verwundert es nicht, dass die Auslieferung fabrikneuer Autos – bis zu 100 Automobile werden hier täglich abgeholt – für die neuen Besitzer zu einer echten Attraktion wird. Die Übergabe des Autos wird zelebriert und soll so zum unvergesslichen Erlebnis werden, zur Identifikation zwischen Auto, Käufer und Firma führen. Dazu gibt es exklusive Einblicke in die Forschung und Entwicklung, in Design und Produktion des neuen Autos. Jeder Besucher kommt in der BMW Welt auf seine Kosten: Er kann eintauchen in einen futuristischen Showroom in unmittelbarer Nachbarschaft zur Produktion.

Adresse Am Olympiapark 1, 80809 München (Milbertshofen) | **Anfahrt** U3, Haltestelle Olympiazentrum | **Öffnungszeiten** täglich von 9–18 Uhr, Eintritt frei. Es gibt Führungen durch die BMW Welt, das BMW Museum und das Werk. BMW Museum: Di–So 10–18 Uhr | **Tipp** Das Architekturbüro Coop Himmelb(l)au hat auch den 2005 geschaffenen Anbau der Akademie der Bildenden Künste entworfen. In der BMW Welt gibt es ein gemütliches Café mit Außenterrasse und Blick auf den Olympiapark.

17 Das Bullyversum

Kultiges in der Bavaria-Filmstadt

So viel Personenkult um einen lebenden und dazu noch jungen Schauspier dürfte in Deutschland bislang einmalig sein. Kein Wunder, dass das Bully-Museum dem Protagonisten bei der Einweihung im Juni 2011 ein wenig zu groß geraten schien und ihm deshalb auf Nachfrage peinlich war. Aber die Menschen lieben nun mal Michael (»Bully«) Herbig, Hunderttausende haben seine Filme gesehen, können sich über das Talent des Schauspielers, Comedians und Regisseurs, seine Drehbücher und musikalischen Schmankerl scheckig lachen. So war sich die Bavaria mit dem Schauspieler schnell einig, als die Idee aufkam, in Ergänzung zur Bavaria-Filmtour die ehemalige Stuntman-Halle umzufunktionieren und dort alles zusammenzutragen, was sich um den 1968 in München geborenen Regisseur und Schauspieler und seine in der Bavaria produzierten Filme angesammelt hat.

Auf 1.500 Quadratmetern über zwei Etagen taucht der Besucher nach Passieren der großen Showtreppe aus der TV-Bullyparade tief in die sprudelnde Ideenwelt des Multitalents ein. Viel Klamauk, aber auch originelle Ideen wie ein interaktives Gespräch mit dem Meister selbst. Das Bullyversum ist eine Zeit- und Erlebnisreise durch seine Kinofilme wie »Der Schuh des Manitu«, »(T)Raumschiff Surprise – Periode 1« oder »Lissi und der wilde Kaiser«. Es gibt interaktive Shows, zahlreiche Mitmachstationen, viele Spezialeffekte und Hunderte Originalrequisiten aus seinen Filmen. Auch viel Privates ist zu sehen. Bullys Kinder- und Jugendzimmer, sein erster Plattenspieler und seine bevorzugten Comic-Hefte. Man kann mit Bully einen Filmausschnitt synchronisieren, Filmszenen nachspielen, auf seinem goldenen Zeitsofa fahren, Winnetouch und Abahachi am Marterpfahl begrüßen, zum Testflug im Raumschiff Surprise starten, vieles davon in 3-D. Seit Jahren ist die Tour durch die Bavaria-Filmstadt, durch die Kulissenwelten des »Boots«, der »Unendlichen Geschichte« oder von »Wickie und die starken Männer«, ein Münchner Highlight.

Adresse Bavariafilmplatz 7, 82031 Geiselgasteig bei München, Tel. 089/64992000 | Anfahrt Tram 25 Richtung Grünwald, Haltestelle Bavariafilmplatz | Öffnungszeiten 31. März–4. Nov. 9–18 Uhr; 5. Nov.–23. März 10–17 Uhr | Tipp Nicht weit von hier stößt man unmittelbar an der Isar auf den wunderschön gelegenen Biergarten »Menterschwaige«, Menterschwaigstraße 4.

18 Das Café auf dem Dach

Studieren und genießen hoch über der Stadt

Dieser Blick ist privilegiert. Man sitzt bequem an länglichen Tischen, auf Hockern an Bistrotischen oder lümmelt sich im Liegestuhl. Dazu hat man vielleicht einen Cappuccino vor sich oder eine Rhabarberschorle, wirft den Blick in die Studienunterlagen oder auf den Laptop, vielleicht aber auch auf die ferne Frauenkirche, die man von hier aus bestens sieht. Alles unter freiem Himmel hoch über den Dächern der Stadt, in einem der ungewöhnlichsten Cafés Münchens. Vergnügliche Pause im Studentenalltag.

Seit im Jahr 2011 das Café auf dem Dach der Technischen Universität eröffnet hat, wird es als Tipp nicht nur unter den Studenten gehandelt. Es ist Teil des Vorhoelzer Forums in der Beletage der Fakultät für Architektur der TU, benannt nach dem Architekten und Baumeister Robert Vorhoelzer (1884–1954), der Anfang der 1950er Jahre das neue Eingangsgebäude der TU in der Arcisstraße gebaut hatte. Hier im fünften Stock residiert nicht nur das Dekanat der Fakultät für Architektur und finden größere Institutstreffen statt, hier gibt es eben auch das Café mit der großen Sonnenterrasse auf der Südseite des Gebäudes. Im Sommer ist die Terrasse ein Vergnügen, wenngleich aus Sicherheitsgründen in dieser Höhe keine Sonnenschirme aufgestellt werden dürfen, es dann schon mal recht heiß wird und man entlang der Wand nach Schatten sucht.

Das Vorhoelzer Forum begreift sich als hochschulöffentliches Begegnungszentrum und ist akademisch selbst verwaltet. Obwohl das Foyer und der Konferenzraum für Events nur von Mitgliedern der Fakultät für Architektur gebucht werden können, steht das Café jedermann offen. So definiert sich das modern eingerichtete, vornehmlich in Weiß gehaltene Café auch als »öffentlich zugängliches Studentencafé«. Betrieben wird es von einer jungen Crew, zu überwiegend zivilen Preisen. Wenngleich die Karte auch einen sündhaft teuren Champagner aufweist, dessen Korken wahrscheinlich aber erst nach bestandenem Examen knallen dürften.

Adresse Arcisstraße 21, 80333 München (Maxvorstadt), Tel. 089/28901 | Anfahrt U2, Haltestelle Theresienstraße oder Königsplatz; Tram 27, Haltestelle Pinakotheken oder Karolinenplatz; Haupteingang TU, Gang links, Fahrstuhl am Ende des Ganges, 5. Obergeschoss | Öffnungszeiten Mo–Fr 9–22 Uhr, Sa 10–19 Uhr, So 10–22 Uhr, ganzjährig geöffnet | Tipp Der Campus des Kerngeländes der TU mit dem Audimax und dem unieigenen Kraftwerk ist sehenswert.

19 Das Carillon

Himmlische Klänge am Mariahilfplatz

Den besten Hörgenuss auf dem Mariahilfplatz hat derjenige, der gut 30 Meter vor der Kirche Stellung bezieht. Da erklingen nämlich die 65 in Bronze gegossenen Glocken des Carillons der Mariahilfkirche in ihrem unvergleichlich einschmeichelnd warmen Sound besonders intensiv. Seit dem 1. Mai 2012, dem Tag ihrer Einweihung, an jedem Sonntag. Und mit ein bisschen Glück kann man auch unter der Woche den Carilloneur beim Üben hören. Das 25 Tonnen wiegende neue Turmglockenspiel der Mariahilfkirche ist das größte von Hand spielbare Glockenspiel Bayerns.

Initiatoren des Carillons für die katholische Pfarrkirche Mariahilf waren deren Pfarrer Markus Gottswinter und der Münchner Carillon-Spieler Stefan Duschl. Sie wollten diesem Instrument und der darauf zu spielenden Musik zu neuem Glanz verhelfen. Die Mariahilfkirche bot für ihr Vorhaben die besten Voraussetzungen. Denn der 1839 errichtete neugotische Backsteinturm der Kirche verfügte schon immer über zwei sogenannte Glockenstuben, von denen aber nur eine mit fünf Glocken belegt war. Jetzt kamen 60 Glocken hinzu, von einer holländischen Firma gegossen und installiert. Die größte Glocke hat den Schlagton c1 und wiegt 2,2 Tonnen. Unter dem Glockenstuhl, in dem die Glocken fest verankert sind, wurde der Stockspieltisch des Carilloneurs eingebaut, eine rein mechanische Konstruktion. In den Niederlanden, in denen Carillons besonders populär sind, spricht man auch vom Stockklavier. Denn ein Carillon, das mindestens über 23 Glocken verfügen und über zwei Oktaven reichen muss – das in Mariahilf verfügt vom Ton fis0 beginnend über fünf Oktaven –, wird einer Orgel ähnlich über Manuale und Pedale gespielt und angeschlagen. Über ein Zugsystem aus Seilen und Drähten sind die Klöppel der fest montierten Glocken mit dem Spieltisch und den rundlichen hölzernen Stocktasten verbunden, die aus Kraftgründen durchgehend mit der offenen Faust gespielt werden.

Adresse Mariahilfplatz 42, 81541 München (Au), Tel. 089/6512866 | **Anfahrt** U1/2, Haltestelle Kolumbusplatz; Tram 17, Haltestelle Mariahilfplatz | **Öffnungszeiten** Turmführungen während der Auer Dulten, zu hören jeden Sonntagvormittag | **Tipp** Es lohnt natürlich ein Besuch der Mariahilfkirche. Dreimal im Jahr gibt es auf dem Mariahilfplatz die Auer Dult, mehrtägige Jahrmärkte mit zahlreichen Verkaufsständen.

20 Das Dantestadion

Sport abseits der großen Arenen

Das Städtische Stadion an der Dantestraße ist die viertgrößte Sportarena Münchens, wird aber in der Öffentlichkeit vergleichsweise wenig wahrgenommen. Dabei wird in diesem immerhin 12.000 Zuschauer fassenden Stadion richtig guter Sport geboten, wenngleich auch der etwas anderen Art. Hier spielen nämlich die American-Football-Teams der Stadt, die Munich Cowboys und die München Rangers. Und das in einer gewissen Tradition. Nachdem die Nazis zwischenzeitlich das Stadion auch zu Aufmärschen der Hitlerjugend zweckentfremdet hatten, nahmen die siegreichen Amerikaner das Dantestadion bis 1953 für American Football und Baseball in Beschlag. Zeitweilig wurde dort auch Fußball gespielt. Von Beginn an war das Stadion, das sich heute im Besitz der Stadt befindet, für den Breitensport und vor allem für die Leichtathletik ausgelegt. Immer wieder finden hier hochklassige Leichtathletikwettbewerbe statt, wird um Europameisterschafts- und Olympianormen gekämpft. Die Leichtathletikanlage wurde als Trainingsgelände anlässlich der Olympischen Sommerspiele 1972 auf einen erstklassigen Standard gebracht. Die Tartanbahn gilt in ihrer Qualität als Rekordbahn. Und weil dieses Stadion nicht so groß ist, wirkt es auch bei spärlicheren Zuschauerzahlen immer gut besucht und vermittelt deshalb eine gute Atmosphäre. Die anderen Münchner Stadien – die Allianz Arena oder das Stadion an der Grünwalder Straße – sind zunehmend für Fußball ausgelegt, und das Olympiastadion ist für viele Wettkämpfe einige Nummern zu groß.

Das 1928 gegründete »Dante«, wie es die Münchner gern nennen, hatte ursprünglich 32.000 Plätze, wurde in den 1950er Jahren aber auf 12.000 reduziert, von denen sich knapp 1.000 in der fest gebauten Tribüne befinden, in der es auch eine Turnhalle und Umkleidekabinen gibt. Weitere rund 2.000 Sitzplätze sind nicht überdacht, der Rest sind Stehplätze. An der Tribüne prangt zur Straßenseite hin die Aufschrift »Der Münchner Jugend«.

Adresse Dantestraße 14, 81637 München (Neuhausen), Tel. 089/152302 | Anfahrt U1, Tram 20/21, Bus 151/163–165, Haltestelle Westfriedhof | Öffnungszeiten immer geöffnet | Tipp Das nahe Dantebad in der Postillonstraße 17 hat als beheiztes und illuminiertes Winter-Warmfreibad bei jedem Wetter ganzjährig täglich von 7.30 bis 23 Uhr geöffnet.

21 Das Denkmal zum Absturz

Hinter der Paulskirche kam es zum Inferno

Nicht einmal drei Jahre waren vergangen, seit sich unweit des alten Münchner Flughafens in Trudering ein Flugzeugunglück mit 21 Toten, darunter die nahezu komplette Mannschaft des englischen Fußballclubs Manchester United, ereignet hatte, als es am 17. Dezember 1960 nahe der Münchner Innenstadt zu einem neuerlichen Inferno kam. Es war der letzte verkaufsoffene Samstag vor Weihnachten, ein grauer Tag, regnerisch und diesig.

Am damaligen Flughafen München-Riem startete um kurz nach 14 Uhr eine vollgetankte zweimotorige amerikanische Kuriermaschine des Typs Convair 240 mit dem Ziel Norfolk in England. An Bord: sieben Besatzungsmitglieder und 13 Passagiere, die meisten amerikanische Schüler und Studenten, Angehörige in Europa stationierter US-Soldaten, die Weihnachten in England verbringen wollten. Als kurz nach dem Start ein Motor des Flugzeugs teilweise ausfiel und die Maschine nicht die notwendige Flughöhe erreichen konnte, entschloss sich der Kapitän zur Umkehr. Die Feuerwehr in Riem wurde alarmiert, eine Notlandung vorbereitet. Der Kapitän flog eine Schleife über der Stadt – mit verhängnisvollen Folgen. Die Maschine streifte den 97 Meter hohen Hauptturm der Paulskirche am Rande der Theresienwiese. Ein Teil der Tragfläche brach ab, das Flugzeug geriet ins Trudeln und stürzte wenige 100 Meter weiter in der Martin-Greif-Straße ab – auf einen voll besetzten Trambahnzug der Linie 10. Rund 5.000 Liter Flugbenzin entzündeten sich, in Sekundenbruchteilen verwandelte sich die Straße in eine Feuerhölle, das Flugzeug und der hintere Wagen der Straßenbahn standen in Flammen. Als es der Feuerwehr schließlich gelang, das Feuer zu löschen, wurde das ganze Ausmaß des Infernos sichtbar: Alle 20 Flugzeuginsassen und 32 Personen am Boden, die Menschen in der Trambahn und mehrere Passanten, waren tot, verbrannt. Die Gedenkplatte in der Bayerstraße erinnert an die Toten dieses verheerenden Flugzeugabsturzes, eine der größten Katastrophen, die München je erlebt hat.

Adresse Bayerstraße 34, Ecke Martin-Greif-Straße, 80335 München (Ludwigsvorstadt) | Anfahrt vom Hauptbahnhof alle S-Bahnen (Richtung Pasing), Haltestelle Hackerbrücke; Tram 18/19, Haltestelle Hermann-Lingg-Straße oder Holzapfelstraße | Tipp Ein Blick auf die Architektur der Dependance des Europäischen Patentamtes, an dem die Gedenktafel angebracht ist, lohnt sich.

22 Das Designmuseum

Frühe Avantgarde in der Pinakothek der Moderne

Die Pinakothek der Moderne wartet mit einem permanenten Highlight auf, das zu besuchen sich auch lohnt, wenn einem der Kopf überhaupt nicht nach klassischer Kunst steht. Die zeitlich jüngste der drei Pinakotheken in der Maxvorstadt präsentiert seit 2002 ein Designmuseum, das es in dieser Güte nur noch vergleichbar im Museum of Modern Art in New York gibt. In dieser Münchner Dauerausstellung tritt der Besucher eine Zeitreise durch die Welt des Industrie-, Produkt- und Grafikdesigns des 20. und 21. Jahrhunderts an, die verdeutlicht, welch rasante Entwicklungssprünge es technisch und ästhetisch bei den Dingen des täglichen Bedarfs gegeben hat. Ob es dabei um Inneneinrichtungen geht, um Wohn- oder Büromöbel, um Küchengeräte, Fahrzeugdesign oder elektronische Geräte. Rund 75.000 Exponate hat das »Design Museum Munich«, das 1907 mit der Gründung des Deutschen Werkbundes als Neue Sammlung installiert wurde und weltweit das erste Museum seiner Art war, im Depot. Bis heute nimmt die Sammlung in puncto Qualität und geschichtlicher Genauigkeit auch unter wissenschaftlichen Gesichtspunkten einen weltweiten Spitzenplatz ein.

Zu Beginn der Ausstellung trifft der Besucher auf ein riesiges, über zwei Stockwerke ragendes Regal, in dem das gesamte Spektrum der Ausstellung präsentiert wird, schemenhaft in mattes Licht getaucht. Zahlreiche designte Stücke, die dann nie gebaut wurden, futuristische Rennräder, Haushaltsgeräte, Alltagszubehör. Dann begegnet man ausgefallenem Fahrzeugdesign, Autos, Motorrädern. Sie stehen in überdimensionalen Regalen wie Spielzeugfahrzeuge daheim in Miniatur. Dazu ungewöhnliche Möbelkreationen, Akustikgeräte, Schmuckdesign – und die Welt der elektronischen digitalen Rechner, deren entwicklungstechnische Rasanz nur von der des Automobils im 20. Jahrhundert übertroffen wurde. Dazu gibt es immer wieder Sonderausstellungen zu aktuellen Designentwicklungen.

Adresse Pinakothek der Moderne, Barer Straße 40, 80333 München (Maxvorstadt), Tel. 089/238050 | **Anfahrt** U3/6, Haltestelle Odeonsplatz oder Universität; U4/5 Haltestelle Odeonsplatz; U2, Haltestelle Königsplatz oder Theresienstraße; Tram 27, Haltestelle Pinakotheken; Bus 100 (Museumslinie), Haltestelle Pinakotheken | **Öffnungszeiten** täglich außer Mo 10–18 Uhr, Do 10–20 Uhr | **Tipp** Es lohnt ein Besuch des nahen Museums »Reich der Kristalle«, Theresienstraße 41.

23 Das Deutsche Theatermuseum

Reliquien großer Bühnen

Über 100 Jahre gibt es das Deutsche Theatermuseum schon, seit 1953 im Galerietrakt am Hofgarten. Aber selbst die 1979 vollzogene Erhebung dieser in Deutschland einzigartigen Institution in den Rang eines staatlichen Museums hat den Vorhang zu diesem Ort für die meisten Münchner nicht gelüftet. Das 1910 von der damals populären Schauspielerin Clara Ziegler gegründete Museum, bis 1944 in ihrer Villa am Englischen Garten untergebracht und hauptsächlich mit ihrer privaten Sammlung bestückt, ist ausgerechnet in der Theatermetropole München den wenigsten bekannt.

Das kann natürlich daran liegen, dass das Theatermuseum immer nur dann von sich reden macht, wenn es mal wieder eine spektakuläre Sonderausstellung gibt, meist zu den Themen Bühnenbilder, Requisite, Kostüme oder Masken. Ansonsten beherbergt es keine Dauerausstellung und gibt sich selbst ein Insider-Image. Aber es besitzt einen in Deutschland einzigartigen Theaterfundus, der auch international von Rang ist. So findet man in den Hofgartenarkaden die wahrscheinlich weltweit größte Sammlung an Theaterfotografien, ein Kaleidoskop der Theatergeschichte der letzten 100 Jahre. Hinzu kommen rund 50.000 Kostümentwürfe, 40.000 Rollenporträts, 250.000 grafische Blätter, 500.000 Autografen, viele Künstlernachlässe und etwa 120.000 Bücher, die bis in die Renaissance zurückreichen und in der Präsenzbibliothek beziehungsweise der Fotosammlung einsehbar sind. Die Bestände an Autografen, Bühnenbildern und Programmheften sind nur nach telefonischer Voranmeldung zu besichtigen.

»Der gestrige Theaterabend ist heute schon Theatergeschichte« – darin liegt in der Eigensicht des Deutschen Theatermuseums die Hauptmotivation des Sammelns und Archivierens der Münchner, bayerischen und deutschen Theater- und Musiktheatergeschichte der letzten 100 Jahre. Gesammelt wird alles, »was von Theater übrig bleibt oder dessen Vorbereitung diente«.

Adresse Galeriestraße 4a (Hofgartenarkaden), 80539 München (Maxvorstadt), Tel. 089/2106910 | Anfahrt U3/4/5/6, Haltestelle Odeonsplatz | Öffnungszeiten Di–So 10–16 Uhr, Mo geschlossen; Bibliothek: Di, Do 10–12 Uhr und 13.30–16 Uhr und nach tel. Absprache | Tipp Ein Besuch der Münchner Kammerspiele in der Maximilianstraße lohnt sich immer.

24 Die Dichterfürsten

Goethe und Schiller in München

Nahezu jede Stadt, die auf sich hielt, wollte im 19. Jahrhundert ihren Goethe und Schiller haben. Möglichst groß, aus Bronze auf einem hohen Sockel und an einem markanten Platz. Als Ausdruck deutscher Bildungsideale und kultureller Weltläufigkeit. So war es auch in München. Heute drücken sich die beiden Dichterfürsten eher unbemerkt in der Maximiliansanlage herum, wobei Schiller den weitaus attraktiveren Platz hat als Goethe, der in einem kleinen, ein bisschen abgelegenen Stück Grün an der Ottostraße auf Bewunderer wartet.

Das war freilich nicht immer so. Denn ursprünglich stand Johann Wolfgang von Goethes Bronzeskulptur gut sichtbar und repräsentativ am Lenbachplatz, wurde aber im Zweiten Weltkrieg demontiert und zu Kriegszwecken, wie andere Denkmäler auch, eingeschmolzen. Erst 1962 wurde nach den Plänen des Bildhauers Elmar Dietz eine neue Statue gegossen und am heutigen Standort platziert, nicht sonderlich originell gestaltet und ein wenig lieblos auf einen schlichten Betonsockel gestellt. Da steht der originale Schiller von 1863 des seinerzeit renommierten Bildhauers Max Widnmann, auf dessen Konto auch das alte Goethe-Denkmal von 1869 ging, am Ostende des Maximiliansplatzes schon würdiger da, auf seinem mit Kalksteinstufen versehenen Granitsockel.

Der Maximiliansplatz, der unmittelbar an den Lenbachplatz anschließt, da, wo der monumentale, 1895 eingeweihte Wittelsbacher Brunnen des Bildhauers Adolf von Hildebrand steht, entstand bei der Erweiterung Münchens in Richtung Maxvorstadt auf der alten städtischen Wallbefestigung. Seinen heutigen Namen erhielt dieser historisch bedeutende, etwa 300 Meter lange und nicht einmal 100 Meter breite Grünstreifen, der vom Gartenarchitekten Carl von Effner angelegt wurde, 1808. Effners Denkmal steht heute im Maximiliansgarten neben den beiden großen Dichtern ebenso wie die Statuen der Chemiker Justus Liebig und Max von Pettenkofer.

Adresse Maximiliansplatz, 80333 München (Altstadt) | **Anfahrt** U3/4/5/6, Haltestelle Odeonsplatz; Tram 19, Haltestelle Lenbachplatz; Tram 27, Haltestelle Ottostraße | **Tipp** An der Prannerstraße stößt man auf das Maxtor.

25 Die Doppeltreppe

Endlos immer weiter und hinauf

An der Theresienwiese entstanden nach dem Wegzug der Messe in den Münchner Osten und dem Freiwerden großer Flächen zahlreiche neue Wohnquartiere, aber auch bedeutende Bürobauten. Einer dieser Gebäudekomplexe ist das vom Münchner Architektenbüro Steidle und Partner entworfene Haus für die KPMG Deutsche Treuhandgesellschaft AG in der Ganghoferstraße. Das mit viel Glas und Keramik versehene Gebäude, dessen Fenster unterschiedlich farblich gestaltet sind, verfügt über einen großen umschlossenen Eingangsbereich, der aber offen gestaltet und für jedermann begehbar ist. Im Zentrum dieses nahezu viereckigen Innenhofes steht, schon von der Straße aus gut sichtbar, eine der ungewöhnlichsten Skulpturen Münchens: die endlos erscheinende Treppe des renommierten dänischen Künstlers Olafur Eliasson.

»Umschreibung« hat der 1967 in Kopenhagen geborene und in Berlin arbeitende Künstler, der vornehmlich mit physikalischen Phänomenen wie Licht, Wasser, Bewegung und Spiegelungen arbeitet, seine 2004 geschaffene Installation genannt. Die über neun Meter hohe Skulptur ist eine begehbare Doppelspirale aus Stahl, eine sogenannte Doppelhelixtreppe. Diese besteht aus zwei 30 Zentimeter breiten gebogenen Rundrohren, die die gesamte Konstruktion tragen, auf der wiederum 80 Zentimeter breite Treppenstufen angebracht sind. Durch eine besondere Dämpfvorrichtung ist die Treppe schwingungsfrei und somit begehbar. Bis zu zehn Personen können das Kunstwerk bis zum Scheitel- beziehungsweise Wendepunkt gleichzeitig erklimmen. Die Installation, die durch ihre Anmutung auch die rasterförmige Gliederung der sie umgebenden Hausfassaden aufgreift und so Bestandteil der Gesamtarchitektur zu sein scheint, erschließt sich dem Betrachter beim Betreten aus den unterschiedlichen Perspektiven immer neu. Im übertragenen Sinn ist die Treppe doppelbödig: Sie führt nach oben und gleichzeitig wieder nach unten, funktionslos in einen leeren Raum.

Adresse Ganghoferstraße 29, 80339 München (Westend), Tel. 089/928200 | Anfahrt U4/5, Haltestelle Schwanthaler Höhe | Öffnungszeiten immer zu besichtigen, manchmal begehbar | Tipp Ein Blick zur Bavaria und zur Ruhmeshalle auf der Theresienwiese ist empfehlenswert. Ebenso ein Besuch des Biergartens im Bavariapark.

26 Das Ebenböckhaus

Hier findet man das Münchner Arbeiterarchiv

Das hat nicht jede Stadt, ein Archiv zur Arbeiterbewegung. 1987 wurde diese Initiative von Privatpersonen ins Leben gerufen, heute dokumentiert sie über 100 Jahre bewegte Stadtgeschichte. Die Basis waren Schenkungen und zahlreiche in Kellern und auf Dachböden schlummernde Schätze. Fotos, Plakate, Flugblätter, Fahnen, Druckschriften, Ton- und Filmdokumente. Gesammelt wird alles, was in München und näherer Umgebung mit der Münchner Arbeiterbewegung zu tun hat, mit den Gewerkschaften, Parteien und sozialen Bewegungen wie der Friedens- und der Frauenbewegung. Dazu kommen regelmäßige Ausstellungen und Diskussionsforen zu historischen Ereignissen wie die Münchner Revolutionszeit und die Räterepublik, Arbeit unter dem Naziterror und die wiedererstarkte Arbeiterschaft nach dem Zweiten Weltkrieg.

Untergebracht ist die Sammlung im nach der Besitzerfamilie benannten Ebenböckhaus in Pasing. 1865 hatte die Familie Ebenböck ihre erfolgreiche Wachszieherei von München nach Pasing verlegt und einen großzügigen Firmensitz mit Park angelegt. 1926 ließ die Familie das Gebäude zu einem spätklassizistischen Schlösschen umbauen und den Park nach französischem Vorbild herrichten, um es als Sommerresidenz zu nutzen. Immer schon hielten es die sozial engagierten Ebenböcks mit Kunst und Kultur. 1952 schenkten sie das Anwesen der Stadt München – für gemeinnützige und öffentliche Zwecke. 2011 wurde das Ebenböckhaus grundlegend umgestaltet, auf eine breitere Basis gestellt und der Öffentlichkeit zugänglich gemacht. Neben dem Arbeiterarchiv und dem Pasinger Archiv wurde das sogenannte »Artist-in-Residence«-Programm installiert. Das erlaubt internationalen Künstlern, hier für einige Monate zu wohnen und mit Münchner Kollegen gemeinsame Kunstprojekte zu entwickeln oder an Festivals teilzunehmen. Das Ebenböckhaus und der Park wurden auch geöffnet für Vernissagen, Veranstaltungen und Skulpturenausstellungen.

Adresse Ebenböckstraße 11, 81241 München (Pasing), Tel. 089/8344683, www.arbeiterarchiv.de | **Anfahrt** S3/4/6/8, Haltestelle Bahnhof Pasing; Tram 19, Haltestelle Offenbachstraße | **Öffnungszeiten** Mo–Do 10–18 Uhr (Voranmeldung erforderlich) | **Tipp** Die Pasinger Fabrik mit ihrem reichhaltigen Kulturprogramm lohnt einen Besuch.

27 Der Eilleshof

Altmünchner Laubenhof in der Innenstadt

Den schönsten Arkadenhof der Stadt findet man wahrscheinlich in der Alten Münze, dem heutigen Sitz des Bayerischen Landesamtes für Denkmalpflege am Hofgraben 4. Noch älter allerdings und ebenfalls äußerst schmuckvoll hergerichtet ist der Innenhof des Anwesens in der Residenzstraße 13, der sogenannte Eilleshof aus der frühen zweiten Hälfte des 16. Jahrhunderts. Dieser spätgotische Hof zwischen Theatiner- und Residenzstraße, aufwendig restauriert und modernisiert in einer schicken Geschäftspassage, symbolisiert in seiner Anmutung, wie das gotische München in weiten Teilen der Innenstadt ausgesehen hat. Ein solch in sich geschlossener, überwiegend erhaltener Laubenhof ist in München eine Rarität.

Von 1714 bis zur Säkularisation 1803 war das Gebäude, ebenso wie das Anwesen Nummer 12, im Besitz des benachbarten Bittrich-Klosters, danach Sitz der königlichen Hofjagdintendanz. 1877 erwarb der Kaufmann und Teespezialist Joseph Eilles den Komplex. Eilles eröffnete mit großem Erfolg gegenüber der Staatsoper sein erstes Spezialitätengeschäft, einen Kolonialwarenladen mit Tee, Kaffee und Gewürzen, und avancierte zum königlichen Hoflieferanten. Bis heute befindet sich in der gleichnamigen Passage das Kaffeegeschäft.

Der Laubenhof war im Mittelalter ein in der Münchner Altstadt verbreitetes Gebäudemuster. Immer wieder wurde er umgebaut und verändert, grundlegend restauriert, und sein heutiges Gesicht erhielt er 1971. In diesem Zusammenhang wurde der Hof auch der Öffentlichkeit zugänglich gemacht. Die viergeschossigen Laubengänge sind gut zu erkennen, wenngleich sie nunmehr geschlossen und verglast sind und das Erdgeschoss Schaufenster aufweist. Besonders beeindruckend: die aus Ziegeln bestehenden Innenhofbrüstungen. Natürlich wirkt dieser Altmünchner Laubenhof bei aller historischen Substanz ein wenig wie eine die darin befindlichen Nobelgeschäfte unterstützende Kulisse.

Adresse Residenzstraße 13, 80333 München (Altstadt) | **Anfahrt** U3/6, Haltestelle Marienplatz und Odeonsplatz; U4/5, Haltestelle Odeonsplatz | **Öffnungszeiten** jederzeit begehbar und von außen zu besichtigen | **Tipp** Den Arkadenhof der Alten Münze am Hofgraben 4 sollte man sich ansehen. Und auch den nahen Theatinerhof. In unmittelbarer Nähe befinden sich auch die Hypo-Kunsthalle und die Fünf Höfe.

28 Die Eismaschine

Carl von Lindes Erfindung am Nockherberg

Das war wie eine Revolution im Braugeschäft. Wurde das Sommerbier der Münchner Brauereien jahrhundertelang an den Hangkanten der Isar in der Au und in Haidhausen gelagert und tief in der Erde kühl gehalten, brachte die Eismaschine der Firma Linde die Wende. Denn im Sommer bestand wegen fehlender kalter Felsenkeller teilweise Brauverbot. Die damals über 50 Brauereien Münchens konnten jetzt auch ihre Biere im Sommer kühl halten und im Freien ausschenken. Die erste Eismaschine, erfunden und patentiert durch den Ingenieur Carl von Linde (1842–1934) und 1881 von MAN in Augsburg gebaut, wurde unterhalb des Nockherbergs installiert. Die 1879 gegründete Gesellschaft für Linde Eismaschinen hatte zuvor die Spießmühle am Auer Mühlbach mit sechs Mühlrädern und den entsprechenden Wasserrechten erworben. Der Auer Mühlbach, ein Seitenlauf der Isar, der zeitweilig abgedeckt war und vor einigen Jahren wieder geöffnet wurde, war mit seinen zahlreichen Wasserrädern und Mühlen jahrhundertelang der Energielieferant der Stadt. Die Firma Linde baute ein Stauwehr und eine schwere Wasserturbine. Über eine Welle wurde die Wasserkraft in das Maschinenhaus auf die neue Kälteanlage des Eiswerks übertragen, das täglich 80 Tonnen Blockeis produzieren konnte.

Zu den Mitbesitzern des Eiswerkes gehörte auch die Paulaner Brauerei, deren Ursprünge in der Au im 17. Jahrhundert liegen, seit die Paulaner-Mönche des Klosters Neudeck 1634 mit dem Bierbrauen begannen. Mit der Einrichtung der Eismaschine wurde die Brauerei in die Lage versetzt, ganzjährig Bier in hoher Qualität zu brauen und auf dem Nockherberg, benannt nach der Bankiersfamilie Nockher, die hier im 18. Jahrhundert ihren Familiensitz hatte, auszuschenken. Im Zweiten Weltkrieg wurden das Gebäude und Teile der Paulaner Brauerei schwer beschädigt, die Eiserzeugungsanlage aber blieb intakt und wurde 1946 wieder angefahren. 1971 wurde die Kälteanlage, nach 90-jährigem Betrieb, stillgelegt. Sie ist noch heute funktionstüchtig.

Adresse Paulaner am Nockherberg, Falkenstraße 11, 81541 München (Au), Tel. 089/480050 | **Anfahrt** U1/2, Haltestelle Kolumbusplatz; Tram 17, Bus 52, Haltestelle Mariahilfplatz | **Öffnungszeiten** nur auf Voranmeldung Tel. 089/48005871, Brauereibesichtigung Mo–Fr 12.30–15.30 Uhr; Wirtshaus täglich 10–1 Uhr, Biergarten je nach Wetterlage | **Tipp** Gegenüber dem Paulaner-Biergarten an der Hochstraße liegt der malerische Krone-Park.

29 Die FC Bayern Erlebniswelt

Das Devotionalieneldorado in der Allianz Arena

Bayern München ist auch hier europäische Spitze, international vergleichbar nur mit dem FC Barcelona. Denn lediglich der spanische Superverein verfügt über eine ähnlich beeindruckende Erlebniswelt, wie sie sich der FC Bayern seit Mai 2012 im dritten Stock der clubeigenen Allianz Arena leistet. Auf über 3.000 Quadratmetern wurde eine Ausstellung geschaffen, die weit mehr ist als ein Museum oder eine Ruhmeshalle. Sie bietet eine Tour durch die bewegte Vereinsgeschichte des FC Bayern, durch Höhen und Tiefen des Traditionsclubs oder besser: Siege und Niederlagen, informativ, spannend, lebendig und interaktiv.

Über 400 Exponate sind zu sehen. Die Gründungsurkunde des Clubs, die Quittung über den Kauf des Spielers Gerd Müller für ganze 4.400 Mark, der Taktik-Zettel Ottmar Hitzfelds vor dem Champions-League-Sieg 2001, die Werbetonne, in die Jürgen Klinsmann 1997 ein Loch getreten hatte. Natürlich sind Original-Nachbildungen aller Trophäen zu bestaunen, die 21 deutschen Meisterschalen, 15 DFB-Pokale und vier Champions-League-Pokale, dazu der Weltpokal, der Goldene Schuh Gerd Müllers, die Torschützenkanone Karl-Heinz Rummenigges und die Weltfußballer-Trophäe von Lothar Matthäus.

Videowände mit über 100 Monitoren und einem Dutzend Beamern zeigen die Vereinshöhepunkte, die besten Spielszenen der Vereinsgeschichte, kommentiert von den Protagonisten selbst. So zum Beispiel den Last-Minute-Treffer von Patrik Andersson zum Gewinn der Deutschen Meisterschaft 2001.

Es gibt eine Hall of Fame, in der 16 herausragende Bayernspieler gewürdigt werden, von Konrad Heidkamp, dem Kapitän der ersten Meistermannschaft 1932, über Gerd Müller und Franz Beckenbauer bis zu Karl-Heinz Rummenigge und Oliver Kahn. Ein Kino mit 70 Plätzen erlaubt einen umfassenden Blick hinter die Kulissen des Vereins.

Adresse Werner-Heisenberg-Allee 25, 80939 München (Freimann) | **Anfahrt** U6, Haltestelle Fröttmaning | **Öffnungszeiten** täglich von 10–18 Uhr | **Tipp** Eine vollständige Besichtigung der Allianz-Arena und ein Blick in den 1.000 Quadratmeter großen rot-weißen Megastore mit einer Riesenauswahl an Fanartikeln lohnt sich.

30 Die Feinschmeckermeile

Genießen im Schatten der Markthallen

Vielleicht darf es ein gemischter Fischteller à la Mediterran sein, ein Loup de Mer vom Grill oder die Wildfang-Gambas. Oder das Entenbrustcarpaccio, vielleicht aber auch die Oktopus-Spaghetti. Alles schmeckt gut und vor allem: Die Ware ist frisch. Dafür sorgt Georgios Papazof, der auf dem Schlachthofgelände seine »Fischtaverne« betreibt und gemeinsam mit seinem Bruder den Großhandel für Fisch für die Münchner Hotellerie und Gastronomie bereithält. Das italienische »Bistro Monti« mit angeschlossenem Feinkostgeschäft gibt es schon seit Jahren. Erstklassige Wurstwaren bietet die renommierte Metzgerei Gaßner an, und in ihrem angeschlossenen »Markt-Stüberl« gibt es unter der Woche von 6 bis 14 Uhr wechselnde Tagesgerichte und bayerische Schmankerl direkt vom Schlachthof. Dazu kommen das italienische Feinkostgeschäft »Mocciaro« oder der Fisch- und Geflügelexperte »Moby Dick« sowie Catering-Firmen und Weinhandlungen. Hier kaufen die Restaurants die Abendkarte ein.

Zahlreiche dieser speziellen Lokalitäten haben sich in den Lagerhallen hinter dem »Wirtshaus am Schlachthof«, der Münchner Kabarettbühne im Schlachthofviertel, etabliert, erste Adressen auch in der Gastroszene. Und das alles in einem Umfeld, in dem auch jederzeit ein Thriller gedreht werden könnte. Wer also gleichermaßen auf ausgefallenes Ambiente und frische Ware schwört, ist hier am Schlacht- und Viehhof richtig. Die Gourmetzeile hat nichts Schickes oder Überkandideltes, sondern ist einfach nur urig und qualitativ gut. Denn hier stimmt die Kühlkette, hier kann man jederzeit einen Blick auf die frischen Fische, Schalen- und Krustentiere in der Lagerhalle des griechischen Wirts werfen. Und man versteht, warum der Fischgroßhändler seit Jahrzehnten so erfolgreich ist. Denn der einstmals viel größere städtische Schlacht- und Viehhof konzentriert sich bei abnehmender Schlachtung zunehmend auf den Großhandel mit Fleisch, Geflügel, Fisch und Feinkost.

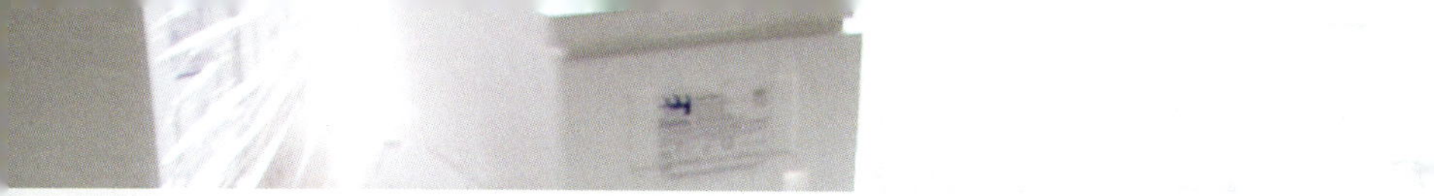

Adresse Zenettistraße 11, 80337 München (Isarvorstadt) | **Anfahrt** U3/6, Haltestelle Poccistraße; Bus 152, Haltestelle Zenettistraße | **Öffnungszeiten** Die Restaurants sind von 11 bis 22 Uhr geöffnet, haben aber in der Regel nachmittags für einige Stunden geschlossen. | **Tipp** Jenseits der Eisenbahnschienen befinden sich die Großmarkthallen für Obst, Gemüse und Blumen sowie die Gaststätte »Großmarkthalle« der Familie Wallner.

31 Der Feldmochinger See

Die Dreiseenplatte vor der Haustür

Natürlich geht nichts über den Starnberger- oder Ammersee, über den Wörth- und Tegernsee oder all die anderen herrlichen Gewässer des Voralpenlandes. Aber nicht jeder kann, wie er will, nicht jeder ist mobil und hat die Zeit und die Muße und möchte doch an einem heißen Sommertag möglichst rasch mal ins Wasser springen. Derjenige, den eines der zahlreichen Münchner Freibäder nicht so lockt, dem sie vielleicht auch zu überlaufen sind oder gar zu teuer, der kann sich einen der Münchner Seen rauspicken. Und da ist besonders der Feldmochinger See im Norden der Stadt zu empfehlen. Er ist der größte der sogenannten Dreiseenplatte im Bezirk Feldmoching-Hasenbergl, zu dem noch der Lerchenauer See und der Fasaneriesee gehören. Allesamt Baggerseen, die es im Laufe der Jahrzehnte zu viel Grün gebracht haben und eben mal nach Feierabend an einem schwülheißen Tag per S- oder U-Bahn oder mit dem Fahrrad vergleichsweise unkompliziert und schnell zu erreichen sind.

Der knapp 900 Meter lange und rund 350 Meter breite Feldmochinger See, der in den 1930er Jahren als Grundwassersee aus einer riesigen Kiesgrube der Deutschen Reichsbahn entstand, bietet wahrscheinlich die komfortabelste Infrastruktur. Vor allem – und das unterscheidet ihn von allen anderen Seen dieser Kategorie – hat der durch Grundwasserquellen gespeiste See durch den Kalterbach einen ständigen Abfluss. Das Wasser gilt trotz einer relativ geringen Tiefe von fünf Metern als ausgesprochen sauber und stets frisch, eingebettet in eine Parklandschaft mit üppigem Baumbestand. Der See hat einen ausgewiesenen FKK-Bereich, verfügt über eine Rollstuhlrampe ins Wasser, Beachvolleyballplätze, Tischtennisplatten und Spielplätze. Das Grillen ist am Nordwestufer erlaubt, es gibt aber auch das Restaurant »Seehaus« und einen Kiosk. Seit 1989 ist hier auch die Wasserwacht stationiert, die gleichzeitig Ausbildungsstätte der Kreiswasserwacht München ist.

Adresse Feldmochinger Seeweg 1, 80995 München (Feldmoching) | Anfahrt S1, Haltestelle Feldmoching; U2, Haltestelle Feldmoching; Bus 172, Haltestelle Feldmochinger See | Öffnungszeiten immer besuchbar | Tipp Der Feringasee in Unterföhring, auch ein Baggersee mit weiten Liegewiesen, gehört zu den beliebtesten Seen um München herum. Besonders populär ist der See bei Surfern. Und dann gibt es in Unterföhring noch den Poschinger Weiher mit Gastronomie am See.

32 Das Feuerwehrmuseum

Die Geschichte der Münchner Löschtrupps

Wenn die Löschzüge der 1897 gegründeten Münchner Berufsfeuerwehr die Hauptfeuerwache mit ihren ohrenbetäubenden Signalen verlassen, brennt es oft irgendwo in der Stadt. Das gilt für das Ausrücken aus einer der übrigen neun, strategisch über die Stadt verteilten Feuerwachen mit ihren über 1.400 Mitarbeitern ebenso wie für die Einsätze der seit 1866 existierenden Freiwilligen Feuerwehr München. Aber es brennt natürlich nicht immer. Über 20.000 Mal im Jahr muss die Feuerwehr in München zu Einsätzen aller Art ausrücken, zu technischen Hilfseinsätzen oder rettungsdienstlichen Aktionen – vom Wasserrohrbruch bis zur Rettung der Katze auf dem Dach. Die Münchner Feuerwehr hat eine lange Tradition, und so wurde 1979 zum 100-jährigen Bestehen ein Museum zur Geschichte der Stadtfeuerwehr eingerichtet, das heute mit über 6.000 Exponaten als das größte seiner Art in Deutschland gilt.

Das Feuerwehrmuseum ist Bestandteil der Münchner Feuerwache 1, der Hauptfeuerwache, dem 1904 eröffneten, großzügig mit Giebeln und Loggien versehenen Neorenaissance-Gebäude nahe dem Sendlinger Tor. Dokumentiert wird die wechselvolle Geschichte der städtischen Feuerwehr, die 1913 die letzten Pferdegespanne abgeschafft hatte und seither voll motorisiert ist. Zu sehen sind Gerätschaften und Ausrüstungen, Feuerwehruniformen, Schutzausrüstungen und Helme der Feuerwehrleute. Hinzu kommen verschiedene Originalfeuerwehrfahrzeuge, deren Aufbauten und Geräte, die erste Drehleiter von 1802 sowie Modelle alter Löschfahrzeuge. Die Geschichte der alten Turmwächter, die bei Feuer den Alarm ausriefen, wird erzählt und an der nachgebauten einstigen Türmerstube im Alten Peter von 1850 demonstriert. Ab 1912 wurden die Turmwächter von einer neuen Fernmeldezentrale abgelöst. Und seit 1972 gibt es anstelle der Sirenen auf den Dächern die stille Alarmierung. In einem Teil der Ausstellung werden die häufigsten Ursachen für Brände gezeigt.

Adresse An der Hauptfeuerwache 8, 80331 München (Altstadt) | Anfahrt U1/2/3/6, Tram 17/18/21/27, Haltestelle Sendlinger Tor | Öffnungszeiten Sa 9–16 Uhr, für Gruppen ab zehn Personen nach Vereinbarung (Tel. 089/23533186) | Tipp Direkt um die Ecke liegen die Meisterschule für Mode, das Münchner Marionettentheater und das Städtische Hochhaus.

33 Die Fischtreppe

Endlich wieder stromaufwärts schwimmen

Eigentlich ist es ja klar, dass Fische nicht immer in eine Richtung schwimmen können, also nicht ständig flussabwärts mit der Strömung. Dann würden sie im Meer landen, und die Flüsse wären irgendwann fischfrei. Also muss Fischen Hilfe angeboten werden, künstlich durch den Menschen angelegte Barrieren wie Wasserfälle und Stauwehre zu überwinden und nach Bedarf auch wieder zurückschwimmen zu können. Darauf wurde bei der wirtschaftlichen Nutzbarmachung von Flüssen und Kanälen lange nicht geachtet. Denn eigentlich schwimmen Fische gern und instinktiv gegen die Strömung, kehren mit Vorliebe an ihre angestammten Laichplätze zurück, auch wenn sie sich lange stromabwärts haben treiben lassen.

Entsprechend wurde im Zuge der Renaturierung der Isar, nicht zuletzt der Europäischen Wasserrahmenrichtlinie folgend, der Fluss im Stadtgebiet für Fische wieder passierbar gemacht. Das geschieht vornehmlich über sogenannte Fischauf- beziehungsweise -abstiegsanlagen, auch Fischtreppen genannt, die eigens für die Fischwanderwege gebaut werden. Das Prinzip des Fischaufstiegs basiert darauf, dass die Fische Strömungen erspüren und sich durch sie hindurchmanövrieren, um dann in einem kleinen ruhigen Wasserbecken oberhalb der Strömung zu verschnaufen, bevor sie sich erneut gegen das Wasser stemmen und die nächste Treppenstufe nehmen. So arbeiten sie sich am Wehr oder einem anderen Hindernis langsam hoch und überwinden die unterschiedliche Wasserhöhe.

Unterhalb der Maximiliansbrücke wurde eine solche Fischtreppe im fließenden Wasser gebaut, die den Fischen ermöglicht, die Kaskaden am Praterkraftwerk zu passieren. Sie überwinden so einen Höhenunterschied von einigen Metern. Eine ähnliche Fischtreppe gibt es seit 2011 unterhalb des Flaucherstegs, wo sich das Prinzip des Fischaufstiegs auch für Passanten anschaulich nachvollziehen lässt. Eine neue Fischaufstiegsanlage für die Mittlere Isar wurde 2012 auch am Wehr in Oberföhring gebaut.

Adresse An der Maximiliansbrücke, 80538 München (Lehel) | Anfahrt U4/5, Haltestelle Max-Weber-Platz; Tram 18/19, Haltestelle Maxmonument; Tram 19, Haltestelle Maximilianeum | Tipp Die kleinen Gärten rechts und links des Friedensengels an der Prinzregentenstraße sind wunderbare Ruhezonen unterhalb der Hangkante dieses verkehrsmäßig ständig umfahrenen Rondells.

34 Die Flamme

Der Platz der Opfer des Nationalsozialismus

Lange hat es gedauert, bis die einstige »Hauptstadt der Bewegung« die Vergangenheit erneut in Angriff nimmt und sich diesem finstersten Kapitel deutscher Geschichte, das gerade in München maßgeblich geschrieben wurde, noch einmal deutlicher als bislang stellt. Zu diesen Initiativen gehört neben dem Bau des längst überfälligen und viel diskutierten NS-Dokumentationszentrums am Königsplatz auch die Neugestaltung des Platzes der Opfer des Nationalsozialismus, die Fläche also, wo der Maximiliansplatz auf die Brienner Straße trifft.

Hier wurde zwar schon 1946, also kurz nach dem Krieg, auf Beschluss des Münchner Stadtrates die Gedenkstätte »zur Ehrung der Opfer des Nationalsozialismus« ausgerufen, allerdings unter massivem Protest vieler Münchner Bürger. Und erst 1985 wurde das heutige Denkmal mit der Flamme der Freiheit errichtet. Obwohl das Denkmal an exponierter Stelle aufragt, wurde der Platz nie wirklich Bestandteil des städtischen Ensembles.

In aller Regel wird an ihm achtlos vorbeigefahren, geparkt oder entlangflaniert. Zum Innehalten lädt er nicht unbedingt ein, wurde also seiner Aufgabe bislang nicht wirklich gerecht. Dennoch sollte man den Platz und die Flamme unbedingt gesehen haben, ganz bewusst und zielgerichtet.

Im Zentrum des Platzes steht das Denkmal für die »Opfer der nationalsozialistischen Gewaltherrschaft« inmitten einer Rasenfläche, von hohen Bäumen gesäumt. Die sechs Meter hohe Granitstele des Bildhauers Andreas Sobeck trägt einen aus Stahl geschmiedeten Kerker, hinter dessen Gittern ständig eine Flamme lodert. Für den Künstler ist das Feuer »Zeichen des Lebendigen gegenüber der starren Struktur der Ideologie«. Und die »Fackel der Freiheit«. Ebenfalls am Platz der Opfer des Nationalsozialismus befindet sich die Gedenkstätte für die durch den Naziterror ermordeten Münchner Sinti und Roma.

Adresse Brienner Straße 14, 80333 München (Maxvorstadt) | Anfahrt U3/4/5/6, Haltestelle Odeonsplatz | Tipp Dem Platz gegenüber stand das Wittelsbacher Palais (heute BayernLB), während der Nazizeit die berüchtigte Zentrale der Gestapo. Eine Gedenktafel an der Brienner Straße 15 weist darauf hin.

35 Der Flauchersteg

Tiefes Münchner Lebensgefühl beim Überqueren der Isar

Der Flaucher vermittelt ein ganz besonderes Stück Münchner Lebensgefühl. Wer es erlebt hat, mit Freunden auf einer der hellen Kiesbänke in den Abendstunden zu grillen, zu baden und zu feiern, während der Kasten Bier, versenkt in den Strömungen der Isar, stets gekühlt bleibt, nimmt einen Rausch ganz besonderer Art mit. Aber auch ein Spaziergang durch die Isarauen zwischen Brudermühlbrücke und Tierpark besitzt dieses Flair, allemal, wenn man im Biergarten der Gastwirtschaft »Zum Flaucher«, den es bereits seit 1870 gibt und dessen Gründer Johann Flaucher Namensgeber des gesamten Auengeländes wurde, auf eine Brotzeit einkehrt.

Das Überqueren des knapp 350 Meter langen und vier Meter breiten, mit Holzbohlen versehenen Stegs im südlichen Teil des Flauchers versetzt einen in Schwingungen ganz besonderer Art. Man übersteigt zahlreiche Kiesbänke und Flussinseln mit ihrer Begrünung und die sogenannten Thalkirchner Überfälle, das Flaucherwehr mit seinen Wasserfällen. Hier hat die Isar einen Höhenunterschied von rund 2,50 Metern zu überwinden.

Den Flauchersteg, der ursprünglich im Zusammenhang mit der Errichtung des Thalkirchner Wehrs zur Trennung des Großen Stadtbachs von der Isar errichtet wurde, gibt es als Fußgängerbrücke bereits seit 1885. Ursprünglich als Holzbrücke konstruiert, wurde er schließlich auf Betonpfeiler gesetzt. Immer wieder erlebte der Steg dramatische Heimsuchungen, Zerstörungen durch hereinbrechende Hochwassermassen aus den Alpen oder durch die Bomben des Zweiten Weltkriegs. Anfang des letzten Jahrzehnts wurde der alte, wetteranfällige Flauchersteg durch eine reine Stahlkonstruktion ersetzt, die aber, nahezu vollständig holzbeschlagen, den alten Charakter gewahrt hat und für Fußgänger wie Radler gleichermaßen benutzbar ist. Profitiert hat der Flaucher ganz erheblich von der in den vergangenen Jahren entschieden umgesetzten Renaturierung der Isar.

Adresse Flauchersteg, 81379 München (Thalkirchen); »Zum Flaucher«, Isarauen 8, 81379 München (Thalkirchen), Tel. 089/7232677 | **Anfahrt** U3, Haltestelle Brudermühlstraße oder Thalkirchen (Tierpark); Bus 54, Haltestelle Schäftlarnstraße; mit dem Auto Parkplatz Tierpark Hellabrunn | **Öffnungszeiten** Gaststätte: Do–So 11–20 Uhr, der Biergarten ist bei gutem Wetter ab 11 Uhr geöffnet | **Tipp** Von hier aus kann man den nahen Tierpark Hellabrunn besuchen, und da empfiehlt sich unbedingt das historische Elefantenhaus.

36 Das Fraunhofer

Tradition auf der Höhe der Zeit

Das »Fraunhofer« ist ein zeitloses Etablissement. Deshalb haben das Wirtshaus und das dazugehörige Theater schon so viele Trends und Moden im schnelllebigen München schadlos überstanden. Es ist aus dem Glockenbachviertel einfach nicht wegzudenken, dieses Lokal mit der stets hohen Geräuschkulisse, gerade auch, weil ringsum Szenekneipen kommen und gehen. Die einen lieben das »Fraunhofer« wegen der bayerischen bioorientierten Küche, andere schwärmen vom Kabaretttheater, eine der besten Münchner Kleinkunstbühnen. Das Ambiente der Wirtschaft, ihr künstlerischer Touch, die rustikale Einrichtung mit den holzvertäfelten Wänden und der mächtigen Stuckdecke und das bunt gemischte Publikum verschaffen dem »Fraunhofer« einen Hauch Boheme. Auch eine für Münchner Verhältnisse preisgünstige Speisekarte lockt.

Seit 1774 gibt es das Traditionswirtshaus in der gleichnamigen Straße, natürlich mit unterschiedlichen Pächtern und unter zahlreichen Firmierungen. Seit 1875 wird es unter dem Namen »Fraunhofer« betrieben. Fast 40 Jahre drückt der Wirt Beppi Bachmair dem »Fraunhofer« nun schon seinen Stempel auf. Spezialitäten des Lokals sind der sonntägliche Musikfrühschoppen oder der Poetenstammtisch. Der findet im Hinterhof des »Fraunhofer« statt, in der kleinen Theaterkneipe »Kulisse«, die früher einmal Heimat einer Studentenverbindung war. Herzstück des »Fraunhofer« aber ist das Theater. Seit 1974 ist es aus dem Münchner Kulturkalender nicht mehr wegzudenken. Jörg Hube feierte hier Triumphe mit seinem »Herzkasperl«, Sigi Zimmerschied mit seinem »Klassentreffen«. Es traten die Protagonisten des Bairisch Diatonischen Jodel-Wahnsinns und die Fraunhofer Saitenmusik auf. Das Theater im »Fraunhofer« hat sich, bayerisch nuanciert, gegen jeden Mainstream positioniert. Mit Mut zur anspruchsvollen Volksmusik ist es auch Sprungbrett für viele junge bayerische Musiker und Kabarettisten.

Adresse Fraunhoferstraße 9, 80469 München (Isarvorstadt), Tel. 089/267850 | **Anfahrt** U1/2, Tram 17, Haltestelle Fraunhoferstraße; Tram 17/18, Haltestelle Müllerstraße | **Öffnungszeiten** Wirtshaus täglich 16.30–1 Uhr, warme Küche von 16.30–24 Uhr; Theater-Abendkasse ab 19.30 Uhr, Vorstellungsbeginn 20.30 Uhr | **Tipp** Wenige Meter weiter stößt man in der Fraunhoferstraße 17 auf die angesagte Currywurst-Kneipe »Bergwolf«.

37 Der Gang der Erinnerung

Innehalten unterm St.-Jakobs-Platz

Hier stockt einem der Atem, hier hält man zutiefst inne. Hier wird der ermordeten Münchner Juden gedacht, an jedes einzelne der 4.500 Opfer des Naziterrors, namentlich. Tief unter der Oberfläche des St.-Jakobs-Platzes, zwischen neuer Hauptsynagoge und jüdischem Gemeindezentrum, ist ein begehbares Denkmal entstanden, das die Vergangenheit transparent macht – für jeden Besucher des jüdischen Zentrums ein Muss.

Wer die Synagoge besichtigt oder sie zum Gebet besucht und zurück zum Gemeindehaus geht, um ins Alltagstreiben zurückzukehren, muss den unterirdischen Gang der Erinnerung passieren und damit die Installation des 1967 geborenen, rumänischstämmigen Lichtkünstlers Georg Soanca-Pollak. Er geht vorbei an den sichtbaren Namen tausender Münchner Bürger, die, nur weil sie Juden waren, willkürlich aus ihrem Leben gerissen, deportiert, drangsaliert und umgebracht wurden.

Der 32 Meter lange und drei Meter breite Gang der Erinnerung besteht aus einer von hinten hell beleuchteten Wand, auf der zahlreiche Glasplatten mit übereinandergeschobenen und gegeneinander versetzten Glasscheiben installiert wurden. Die Namen schimmern nun lichtdurchflutet aus der Tiefe des Glases und sollen so gegen das Vergessen erstrahlen. Das Licht hinter den Glasplatten erhellt auch die gegenüberliegende Wand des Ganges, auf der der sechs Millionen ermordeten europäischen Juden gedacht wird. Dort sind, in die Wand eingelassen, Begriffe zu sehen wie »erinnern – trauern – gedenken – mahnen« oder »lernen – versöhnen – sprechen – leben«. Der Gang der Erinnerung ist zu einem dauerhaften Bestandteil des Gesamtensembles des Jüdischen Zentrums am St.-Jakobs-Platz geworden. Denn mit der 2006 geweihten Hauptsynagoge Ohel-Jakob, dem Kultur- und Gemeindehaus und dem Jüdischen Museum ist das Münchner Judentum nun wieder in der Innenstadt etabliert – im Gedenken und für die Zukunft gleichermaßen.

Adresse St.-Jakobs-Platz 18, 80331 München (Altstadt) | Anfahrt U3/6, Haltestelle Marienplatz; Bus 152, Haltestelle St.-Jakobs-Platz | Öffnungszeiten Führungen nach Voranmeldung, Tel. 089/202400-100 | Tipp Die neue Synagoge Ohel-Jakob und das Jüdische Museum lohnen unbedingt einen Besuch.

38 Der Gebückte

Vor der HFF mit den Pinakotheken auf Augenhöhe

Das neue Gebäude der Hochschule für Fernsehen und Film an der Gabelsberger Straße ist in der Münchner Bevölkerung umstritten, die dazugehörige »Kunst am Bau« noch mehr. Selten erregten sich die Gemüter so, wie bei der 2011 installierten Skulptur »Present Continuous« des niederländischen Bildhauers Henk Visch, wurde einer Installation im Kunstareal und Skulpturenpark der Pinakotheken so viel Spott und Ablehnung entgegengebracht wie dem »gebückten Menschen«. Da steht er nun auf der großen Rasenfläche vor dem lang gestreckten voluminösen Neubau des Kölner Architekten Peter Böhm, gebückt und nach unten schauend, ohne Arme, aus Aluminium und 3,60 Meter hoch. Von seiner Stirn führt ein stählerner Stab zum Boden, ein »roter Sehstrahl«, direkt in die Erde und in einen Saal des darunterliegenden Ägyptischen Museums. Symbolisiert werden soll die Sicht von außen ins Innere des Gebäudes, aus der Moderne in die Antike, und die findet im Untergeschoss statt. So versteht sich der »gebückte Mensch« zwischen den Eingängen linker Hand zur HFF und der gewaltigen, an eine Tempelanlage erinnernden Freitreppe in die Tiefe als eine Art Wegweiser in dieses 2013 eröffnete Museum.

Im Zentrum des 150 Meter langen und 20 Meter tiefen Gebäudes aber steht die Hochschule für Fernsehen und Film, die nach Jahrzehnten ihr Giesinger Domizil verlassen und in diesen voluminösen Bau ziehen konnte. Das aus einem aufwendigen Ideenwettbewerb hervorgegangene Gebäude liegt jenseits der Gabelsberger Straße, auf ganzer Länge vis-à-vis zur Alten Pinakothek, und sieht sich als moderne Antwort auf die zeitlose Architektur Leo von Klenzes. Beide Gebäude korrespondieren in ihren Proportionen vorzüglich. Über sechs Stockwerke beherbergt der gewaltige Betonbau mit dem voluminösen Glasaufsatz über drei Etagen, ein großes Foyer, Kinosäle und Studios, eine Medienbibliothek, zahlreiche lichtdurchflutete Seminarräume und ein Audimax.

Adresse Bernd-Eichinger-Platz 1, 80333 München (Maxvorstadt), Tel. 089/689570 | **Anfahrt** U2, Haltestelle Königsplatz oder Theresienstraße; Tram 27, Haltestelle Pinakotheken | **Öffnungszeiten** Die HFF ist tagsüber geöffnet. | **Tipp** Von hier sind es nur wenige Meter zum Karolinenplatz mit dem Obelisken und dem Amerika Haus.

39 Die Glaskuppel

Das Hauptzollamt München mal unter die Lupe nehmen

Der Handel blühte zu Beginn des 20. Jahrhunderts, und man erwartete weiter prosperierende Zeiten. Ein Grund für die Bayerische Staatsregierung, ein neues Hauptzollamt zu bauen, so gewaltig ausgelegt, dass es auf Jahrzehnte jedem Wirtschaftsboom und zu verzollenden Warenstrom standhalten würde. Und dazu sollte es dicht an den vorbeirollenden Güterzügen gelegen sein. Prinzregent Luitpold genehmigte die hochtrabenden Baupläne, und so wurde einer der mächtigsten Münchner Gebäudekomplexe unmittelbar am Gleiskörper nahe der Donnersbergerbrücke realisiert.

Wenn man mit dem Zug nach München hineinfährt oder mit dem Auto über die Donnersbergerbrücke rauscht, sieht man das riesige, 180 Meter lange Lagergebäude des früheren Hauptzollamtes mit der imposanten zehneckigen Glaskuppel, die aus dem Satteldach ragt und an ihrer Spitze 45 Meter misst. Die wenigsten wissen, was sich unter ihr verbirgt. Steht man dann vor dem Hauptgebäude in der Landsberger Straße, wird klar: Beim Bau des 1912 eröffneten, in der damals aufkommenden Stahlbeton-Skelettbauweise gebauten und mit modernster Technik ausgestatteten Hauptzollamts hatte man geklotzt. Die Fassaden mit vielen Elementen des späten Jugendstils sind schon beeindruckend, das Innere des Gebäudes verschlägt einem den Atem.

Die riesige Schalterhalle, die in ihrer Höhe über drei Stockwerke reicht, getragen von einem Tonnengewölbe, die überall kunstvoll verzierten Gitter und geschnitzten Treppengeländer, Stuck, Deckenfresken, Kassettenwände, Kapitelle, Skulpturen und Wandmalereien, Schalterfronten aus poliertem Muschelkalk – und das alles in einem Funktionsgebäude. Das holzvertäfelte Direktionsbüro glänzt heute noch wie einst. Und die Glaskuppel krönt einen durch alle Etagen des Lagergebäudes führenden Lichtschacht. Schade nur, dass das ehemalige Hauptzollamt, in dem heute die Zollfahndung sitzt, nicht jederzeit zugänglich ist.

Adresse Landsberger Straße 124, 80339 München (Schwanthalerhöhe), Tel. 089/510900 | **Anfahrt** S1/2/3/4/6/7/8, Haltestelle Donnersbergerbrücke; Tram 18/19, Haltestelle Barthstraße oder Trappentreustraße | **Öffnungszeiten** von außen immer zu besichtigen, innen nur nach tel. Vereinbarung, am Tag der offenen Tür oder über die Volkshochschule | **Tipp** Von hier ist es nicht weit zum sehenswerten Gollierplatz mit der St.-Rupert-Kirche.

40 Die Goldene Bar

Ins Haus der Kunst zur After-Art

Einen richtigen Kick hat das Haus der Kunst, dieses aus der Nazizeit stammende monströse Bauwerk mit finsterster Vergangenheit, eigentlich erst 2010 erhalten. Sicherlich gehört dieser 1937 eröffnete neoklassizistische »Kunsttempel« am Rande des Englischen Gartens, in dem die Nazis ihre pervertierte Vorstellung von Kunst präsentierten, seit Jahren zu einer der führenden Münchner Adressen für zeitgenössische Kunst, doch konnten die langen Schatten der Vergangenheit nie so richtig vertrieben werden.

Das scheint jetzt gelungen, da man sich zunehmend dazu entschlossen hat, dem Bauwerk offen zu begegnen. Dazu gehörte auch die Reanimation der alten Weinstube vor der Terrasse zum Englischen Garten. Bislang wussten nur Eingeweihte von der Existenz dieses gastronomischen Kleinods, dessen Wände jahrzehntelang mit Holzplatten abgedeckt waren und dessen Räumlichkeiten abwechselnd als zusätzlicher Ausstellungsraum, als Requisite oder schlicht als Lager dienten. Denn zur Eröffnung des Hauses der Kunst 1937 wurde hier eine Bar konzipiert, wie sie sonst nur in internationalen Luxushotels anzutreffen war, auch ohne jeden Nazipomp, da sich die Machthaber weltzugewandt präsentieren wollten. Auf goldene Wände sind bekannte Weinregionen Europas gemalt, die Landkarte der Champagne, der Rhein, die Pfalz, sind schottische Destillerien zu sehen, Whisky und Gin und die Karibik mit Rum und Tabak. Ein wenig kitschig alles, aber eine eigenwillige Atmosphäre vermittelnd, mit feinem Strich auf Blattgold gemalt. Der Naziarchitekt und Erbauer des Hauses der Kunst, Paul Ludwig Troost, hatte diese Malereien durch Karl-Heinz Dallinger, einem Kunstprofessor, umsetzen lassen.

So wurde die einstige Weinstube der Nazis mit ihrer weitläufigen Außenterrasse folgerichtig in »Goldene Bar« umgetauft. Tagsüber ist sie Museumscafé und abends dann, nach der vielen Kunst, eine angesagte Cocktailbar.

Adresse Prinzregentenstraße 1, 80538 München (Lehel), Tel. 089/54804777 | **Anfahrt** U3/4/5/6, Haltestelle Odeonsplatz; U4/5, Haltestelle Lehel; Bus 100 (Museumslinie), Haltestelle Königinstraße; Tram 18, Haltestelle Bayerisches Nationalmuseum/Haus der Kunst | **Öffnungszeiten** So, Mo 10–20 Uhr, Di–Sa 10–2 Uhr, Haus der Kunst: Mo–So 10–20 Uhr, Do 10–22 Uhr | **Tipp** In wenigen Schritten ist man im Bayerischen Nationalmuseum. Dort zu empfehlen: das Museumsrestaurant (Tel. 089/45224430).

41 Das Grab des Unbequemen

Auf dem Waldfriedhof ist Frank Wedekind beerdigt

Die Trauergemeinde war gewaltig. Das gesamte intellektuelle München fand sich wenige Tage nach dem Tod des Poeten am 9. März 1918 auf dem Waldfriedhof ein, die Schwabinger Boheme, aber auch zahlreiche Prostituierte der Stadt, um ihrem heimlichen Helden die letzte Ehre zu erweisen.

Denn der 1864 geborene Dichter Frank Wedekind war nicht nur ein Verfechter der radikalen Meinungsfreiheit, sondern propagierte auch eine unkonventionelle Lebensweise. Seine gesellschaftskritischen Texte und doppeldeutigen Theaterstücke, in denen er immer wieder eine frei gelebte Sexualität propagierte und die herrschenden Moralvorstellungen als verlogen anprangerte, machten ihn zu einem der schärfsten literarischen Provokateure der Wilhelminischen Epoche. Er galt in der herrschenden Meinung als unsittlich und verrucht und schien dieses Image zu genießen. Seiner Popularität und seinem Ruf jedenfalls, vor allem in Münchner Künstlerkreisen, tat das keinen Abbruch. Der auch privat umtriebige Schriftsteller, der nach einer üppigen Erbschaft finanziell unabhängig war, reiste viel und fühlte sich dennoch in München am wohlsten. Ab 1890 schrieb er für den satirisch-kritischen »Simplicissimus«. Eines seiner Gedichte brachte ihm drei Monate Festungshaft wegen Majestätsbeleidigung ein. Er arbeitete als Schauspieler und gehörte zum Ensemble des politischen Kabaretts »Die Elf Scharfrichter«. Seine Theaterstücke gehörten zu den meistgespielten Stücken dieser Zeit.

Und so lohnt der Besuch seines Grabes mit dem ausgefallenen Stein auf dem Waldfriedhof, wo im dichten Grün so viel Münchner Prominenz aus Kultur und Wissenschaft beerdigt liegt. Dieser Friedhof ist ganz anders als alle anderen Münchner Begräbnisstätten. Der vom Stadtbaurat Hans Grässel zwischen 1899 und 1907 gestaltete Friedhof wurde in einen bestehenden Wald gelegt. Er war der erste seiner Art in Europa und hat Geschichte geschrieben.

Adresse Fürstenrieder Straße 288, 81377 München (Hadern), Tel. 089/89893940 | **Anfahrt** U6, Haltestelle Holzapfelkreuth | **Öffnungszeiten** Nov.–Feb. 8–17 Uhr, März 8–18 Uhr; April–Aug. 8–20 Uhr; Sept.–Okt. 8–19 Uhr | **Tipp** Es lohnt sich auch ein Besuch des in den 1960er Jahren angelegten neuen Teils des Waldfriedhofs.

42 Das Gran Paradiso

Die Moderne steht im Messesee

Der Gran Paradiso ist ein 4.000 Meter hoher Berg in den italienischen Alpen. Aber auch in München stößt man auf ein Gran Paradiso. Und zwar in der Neuen Messestadt Riem auf dem Gelände des ehemaligen, 1992 geschlossenen und ins Erdinger Moos verlegten Großflughafens. Vor dem meist fahnenumwehten Haupteingang der Neuen Münchner Messe steht, inmitten des davorliegenden Sees, das Kunstwerk gleichen Namens des 1952 im Allgäu geborenen Bildhauers Stephan Huber, eines Spezialisten für Kunst im öffentlichen Raum. 1997 wurde die Großskulptur »Gran Paradiso« des Professors der Münchner Kunstakademie im Zuge der ein Jahr später stattgefundenen Eröffnung der Neuen Messe installiert. Hubers »Gran Paradiso« ist zwar kein Viertausender, aber auch hier stehen das Gebirge, die Berge und die Flüsse im Zentrum.

Im See rechts vom zentralen Eingang der Messe steht ein riesiges, zwölf Meter hohes Regal. In den einzelnen Fächern sind keine Waren ausgestellt, sondern die Reliefs 29 verschiedener bizarrer Alpenberge, allesamt modelliert aus hellem Kunststein, die wie gekalkt wirken. Die Berge sind auf den Regalbrettern von links oben nach rechts unten in alphabetischer Abfolge platziert, beginnend mit dem Aiguille Verte und mit der Zugspitze endend. Eine am Ufer des Sees in den Boden eingelassene Platte führt alle zu sehenden Berge auf. Das Kunstwerk soll die Nähe der Messestadt Riem zu den Alpen symbolisieren, einen permanenten Blick auf die Berge ermöglichen, den es von verschiedenen Punkten des Messegeländes aus bei klarem Wetter auch im Original geben kann. Im nördlichen Teil des Messesees hat Stephan Huber eine fünf Meter hohe geschlossene Vitrine installiert – beide, Regal und Vitrine, spielen auf typische Messemöbel an –, in der sich zwölf große Alpenflüsse und Seen in blauem Neon winden. Bei einsetzender Dämmerung kommt dieses Objekt besonders zur Geltung. Dann nämlich färbt sich auch das Wasser vor der Vitrine blau.

Adresse Messegelände, 81829 München (Riem), Tel. 089/94920720 | Anfahrt U2, Haltestelle Messestadt West | Öffnungszeiten immer zu besichtigen | Tipp Geblieben von der Bundesgartenschau 2005 ist am Rande des Messegeländes der Riemer Park mit dem Riemer See, ein Badesee mit Kiesstrand am Ostufer.

43 Das Gut Riem

Die Stadt und ihre Landwirtschaft

Die wenigsten verbinden mit der Großstadt das Thema Landwirtschaft. Aber weit gefehlt, städtische Güter und damit Ackerbau und Viehzucht gehören sehr wohl ins Portfolio einer Stadt. München verfügt gleich über ein knappes Dutzend landwirtschaftliche Betriebe, ob es das Gut Beigarten in Straßlach-Dinghartig, überwiegend zur Futterversorgung des Tierparks, ist, das Gut Karlshof in Ismaning, seit 100 Jahren im Besitz der Stadt, mit seiner Ochsenmast oder das Gut Obergrashof bei Dachau mit seiner umfangreichen Futterproduktion. Insgesamt bewirtschaftet die Stadt München auf ihren elf Gütern rund 3.000 Hektar Land und betreibt dabei überwiegend ökologisch zertifizierten Ackerbau.

Eine der landwirtschaftlichen Besitzungen im Stadtgebiet ist das Gut Riem, seit 1997 ein reiner Biobetrieb. Tierhaltung spielt hier keine Rolle mehr, seit das 1965 von der Stadt München übernommene Gut, das damals einen Bestand von 100 Rindern und 50 Milchkühen hatte, vor Jahren die Rinderzucht vollends abgeschafft hat und eine grundlegende Wandlung hin zum bürgernahen Lehr- und Lerngut gegangen ist, zu einem reinen Erlebnisbauernhof, der die Städter dem Land näherbringen soll. Die Hälfte der 180 Hektar Land, der Rest wurde verpachtet, wird in Eigenregie bewirtschaftet. Dabei soll das Gut Riem den Münchnern Einblick in die ökologische Landwirtschaft und die artgerechte Tierhaltung geben.

Eine der Spezialitäten des Ökobauernhofes sind die rund 500 »Krautgärten«, vom Gut verwaltete 30 und 60 Quadratmeter große Parzellen, die an Interessenten alljährlich neu vergeben werden. Jeder Pächter einer Parzelle erhält von der Stadt die entsprechenden Jungpflanzen an Salatsorten, Kohl, Gemüse und Kartoffeln. In diesen Münchner Krautgärten – sechs davon betreibt das Gut Riem an verschiedenen Standorten der Stadt – kann er dann selbst für den eigenen Bedarf sein Gemüse vollkommen chemie- und gentechnikfrei säen, pflegen und ernten.

Adresse Isarlandstraße 1, 81829 München (Riem) | Anfahrt S2, Haltestelle Riem; Bus 190/194, Haltestelle Graf-Lehndorff-Straße | Öffnungszeiten Führungen für Kindergärten, Schulen und Erwachsene nach Vereinbarung, Tel. 089/32468621 | Tipp Zu empfehlen sind Besuche der nahen Pferderennbahnen in Riem (Galopp) und Daglfing (Trab) sowie der Olympia-Reitanlage.

44 Der Hachinger Bach

In Perlach ist man auf dem Lande

Man meint, in einem kleinen oberbayerischen Dorf zu sein. Der Perlacher Ortskern entlang des Hachinger Baches vermittelt die Beschaulichkeit ländlicher Idylle. Seit der Bach größtenteils renaturiert wurde, immer genügend Wasser führt und die nördliche Uferseite mit seinen alten Bauernhäusern für den Autoverkehr gesperrt wurde, hat sich das Zentrum mit dem vom Bach durchflossenen Pfanzeltplatz zu einem lohnenden Besuchsziel auch für die Münchner Innenstädter entwickelt. Denn der dörfliche Charakter ist geblieben. Und die Geschichten, die sich einst um den rund zwölf Kilometer langen Hachinger Bach rankten, glaubt heute sowieso niemand mehr. Der Hachinger Bach ist ein Grundwasser-Quellbach, der in einer früheren Gletscherabflussrinne bei Deisenhofen entspringt. Das war ein Grund dafür, dass das Wasser immer wieder für längere Zeit versickerte, bis es dann urplötzlich und überraschend neu sprudelte, meist durch das Grundwasser an die Oberfläche gedrückt und vom Tauwetter und verschiedenen kleinen zuleitenden Bächen gespeist. Für die einen war beim Versiegen des Baches der Teufel im Spiel, andere sahen im neuerlichen Fließen des Wassers Gottes Werk.

Der nach dem früheren Perlacher Pfarrer Martin Pfanzelt, der bis zu seinem Tod 1912 über 40 Jahre lang der Gemeinde vorstand, benannte Pfanzeltplatz wird von der spätbarocken Pfarrkirche St. Michael dominiert. 1728 wurde die Kirche an die Stelle einer seit dem 12. Jahrhundert existierenden romanischen Kirche gesetzt. Auf dem Platz am südlichen Rand des Hachinger Baches steht der 1992 errichtete sogenannte Geschichtsbrunnen mit einer vier Meter hohen Säule inmitten des achteckigen Brunnenbeckens. Auf verschiedenen eingelassenen Reliefs sind Motive und Mahnungen zum Dreißigjährigen Krieg, in dem auch Perlach niedergebrannt wurde, zur Heimsuchung durch die Pest und zur Kirchengeschichte zu sehen. 1930 wurde Perlach nach München eingemeindet.

Adresse Pfanzeltplatz, 81737 München (Perlach) | Anfahrt S7, Haltestelle München-Perlach; U5 Richtung Neuperlach bis zum Ostbahnhof, dann Bus 55, Haltestelle Pfanzeltplatz; Bus 139 Richtung Klinikum Harlaching, Haltestelle Pfanzeltplatz | Tipp In der Fasangartenstraße 3 trifft man auf das Schlösschen Perlachöd oder auch Neusönner Schloss von 1697.

45 Der Haidhauser Friedhof

Zur letzten Ruhe im eigenen Viertel

Im Gegensatz zu den meisten Münchner Friedhöfen sucht man auf diesem »Gottesacker« verstorbene Prominenz weitgehend vergeblich. Das liegt natürlich in erster Linie daran, dass Haidhausen historisch ein Arbeiterviertel war und eine Enklave vor den Toren der Stadt, in der viele Wanderarbeiter und Tagelöhner lebten. Allerdings immer mit eigener Kirchengemeinde und seit Jahrhunderten mit diesem Friedhof. Aber das Münchner Bürgertum gab es hier nicht. Erst mit der Umwandlung des dörflichen Vorortcharakters in ein städtisches Quartier im 19. Jahrhundert und einem einsetzenden Bauboom veränderte sich auch die Struktur der Bevölkerung. Immer war der Haidhauser Friedhof letzte Ruhestätte der hier lebenden Menschen.

Hinter der hohen Mauer an der Kirchenstraße, da, wo es leicht bergauf geht, liegt unter hohen alten Bäumen, dicht bewachsen und einer »grünen Lunge« gleich, dieser malerische Friedhof, der zu den ältesten Grünanlagen der Stadt zählt. Gleich hinter der weiß getünchten alten katholischen Pfarrkirche St. Johann Baptist. Auf den ersten Blick könnte man meinen, der Friedhof sei nicht mehr in Betrieb, aufgelassen und als städtische Parkanlage ausgewiesen. Aber auf dem Friedhof, der verwaltungstechnisch eine Dependance des Ostfriedhofs ist, wird immer noch beerdigt. Erstmals urkundlich erwähnt wurde der Friedhof zu Beginn des 14. Jahrhunderts, obwohl vermutet wird, dass an dieser Stelle weitaus länger begraben wurde, denn eine romanische Kirche gab es hier schon vor über 1.000 Jahren. Ende des 15. Jahrhunderts wurde die Kirche in einen einschiffigen spätgotischen Bau umgewandelt, seitliche Grabmäler zeugen heute noch davon. 1712 wurde nach einem Brand der Turm erneuert, die charakteristische Spitze wurde ihr 1865 aufgesetzt. Der Friedhof mit seinen heute rund 4.600 Gräbern erhielt im 19. Jahrhundert schließlich eine drei Meter hohe Ziegelmauer.

Adresse Einsteinstraße 74, 81675 München (Haidhausen), Tel. 089/472451 | **Anfahrt** U4/5, Tram 15/16/19/25, Haltestelle Max-Weber-Platz; Bus 190/191, Haltestelle Flurstraße | **Öffnungszeiten** Nov.–Feb. 8–17 Uhr; März 8–18 Uhr; April–Aug. 8–20 Uhr; Sept.–Okt. 8–19 Uhr | **Tipp** Empfehlenswert ist ein Besuch des kleinen Haidhausen Museums in der Kirchenstraße 24.

46 Die Highlight Towers

Moderne Architektur außerhalb des Mittleren Rings

Gemessen an London, Frankfurt oder Moskau kommen die Münchner Hochhäuser eher bescheiden daher. An den Wolken kratzen sie jedenfalls nicht wirklich. Und dennoch polarisiert die Architektur und Höhe dieser Häuser unter den Münchner Bürgern wie in keiner anderen deutschen Stadt. Die kurzfristige städteplanerische Euphorie, die eine ganze Reihe an Hochhäusern außerhalb des Mittleren Rings vorsah, wurde dann auch jäh 2004 durch einen Bürgerentscheid gestoppt. Eine knappe Mehrheit von 50,8 Prozent der Bürger sprach sich für eine Stadtsilhouette aus, deren Maß der Dinge die knapp 100 Meter hohen Türme der Frauenkirche sein sollten. Das 114 Meter hohe Hypo-Hochhaus sollte eine Ausnahme bleiben, ebenso wie die Hochhäuser, um die der Streit entbrannt war. Ein auf 146 Meter geplantes Hochhaus des Süddeutschen Verlages wurde auf 100 Meter reduziert, die Highlight Towers und das Uptown Munich am Georg-Brauchle-Ring aber in ihrer Höhe von 126 und 146 Metern gebaut.

Die Highlight Towers gelten heute als architektonisches Vorzeigeobjekt, obwohl gerade sie die stärksten Proteste hervorgerufen hatten, da sie in der Verlängerung der Achse Odeonsplatz, Siegestor und Münchner Freiheit liegen und daher weithin sichtbar sind. Dem Chicagoer Architekten Helmut Jahn, 1940 geboren und deutscher Herkunft, der auch den 1991 entstandenen Frankfurter Messeturm gebaut hatte, ist mit den beiden Türmen ein ungewöhnliches Stück zeitgenössischer Architektur gelungen. Die durch drei transparente Brücken miteinander verbundenen schlanken Türme mit ihren Glas- und Edelstahlfassaden – Tower 1 ist 126 Meter hoch und hat 32 Geschosse, Tower 2 misst 113 Meter bei 27 Stockwerken – sind reine Büro- und Businessgebäude und daher für die Öffentlichkeit nicht zugänglich. Dennoch lohnt es, sich das Ensemble auch einmal aus der Nähe anzusehen. Vor allem die 14 voll verglasten Panaromaaufzüge in den Hochhausscheiben bestechen. Sie sind mit sechs Metern pro Sekunde die schnellsten Aufzüge der Stadt.

Adresse Mies-van-der-Rohe-Straße 4–10, 80807 München (Schwabing) | Anfahrt U6, Haltestelle Nordfriedhof; Tram 23, Haltestelle Anni-Albers-Straße | Öffnungszeiten Das Gebäude ist nur von außen anzuschauen. | Tipp Wenn man einen optimalen Blick über München haben möchte, sollte man auf den Olympiaturm fahren, das immer noch höchste Bauwerk der Stadt.

47 Die Himmelsleiter

Ungewöhnliches im Max-Planck-Institut

Als Himmelsleiter bezeichnet man eine Treppe, die im Eingangsbereich beginnt und gradlinig steil in die Höhe bis ins oberste Geschoss führt, also nahezu bis unters Dach, und von der aus alle Etagen abzweigen und begangen werden können. Mit solch einer Himmelstreppe über sämtliche fünf Geschosse wartet hinter der gewaltigen Glasfassade die große Halle des Max-Planck-Instituts in der Hofgartenstraße auf. Die imposante Treppe hat sich zu einem Markenzeichen des architektonisch ausgefallenen Gebäudes der Münchner Architekten Angelika Popp, Michael Streib und Rudolf Graf entwickelt, das nach fünfjähriger Bauzeit 1999 bezogen wurde. Die Architekten hatten es meisterlich verstanden, den Marstallplatz in den Innenhof des Max-Planck-Hauses zu integrieren und gleichzeitig eine Harmonie mit der angrenzenden Residenz zu wahren. Mit diesem Gebäude erhielt die Generalverwaltung der Max-Planck-Gesellschaft, die das administrative Geschäft der 1948 gegründeten, der Allgemeinheit verpflichteten Forschungseinrichtung betreibt, einen neuen repräsentativen Bau anstatt der bislang über verschiedene Gebäude der Stadt verstreuten Büros.

Und das Max-Planck-Haus am Hofgarten wartet mit einem weiteren Highlight auf. Auf beiden Seiten des Haupteingangs begegnet man der Skulptur der Minerva, der römischen Göttin der Wissenschaften, die seit jeher das Emblem der Gesellschaft ist. Die 45 Tonnen schwere und über sechs Meter hohe Skulptur des 1948 in Lima geborenen peruanischen Künstlers Fernando de la Jara, die aus dunkelgrünem südafrikanischem Granit besteht, zeigt die Minerva auf der linken Eingangsseite im Profil als Symbol für die Welt des Geistes. Gegenüber steht ihr Negativprofil, das die Welt der Materie darstellen soll. In die beiden Teilskulpturen, die in einem faszinierenden Spannungsverhältnis zueinander stehen, sind wiederum zahlreiche die Thematik vertiefende Elemente modelliert. Zwischen den beiden Teilen führt eine Brücke über den Stadtgrabenbach ins Gebäudeinnere.

Adresse Hofgartenstraße 8, 80539 München (Altstadt), Tel. 089/21080 | Anfahrt U3/4/5/6, Haltestelle Odeonsplatz; Tram 19, Haltestelle Nationaltheater | Öffnungszeiten Obwohl Publikumsverkehr nicht vorgesehen ist, kann man im Foyer des Max-Planck-Hauses einen Blick auf die Treppe werfen. | Tipp Es lohnt ein Gang über den angrenzenden Marstallplatz mit dem Marstalltheater.

48 Die Hinrichtungsstätte

Das Mahnmal in der JVA Stadelheim

Der Münchner macht in der Regel einen großen Bogen um Stadelheim. Die Justizvollzugsanstalt hat für ihn da draußen in aller Regel nichts Anziehendes, sie führt ein von der Öffentlichkeit abgeschiedenes Eigenleben, das Aufmerksamkeit allenfalls dann erfährt, wenn irgendwelche Prominenz verhaftet wird oder die Täter spektakulärer Gerichtsverfahren ihre Gefängnisstrafen antreten. Warum also hinter die hohen Mauern blicken?

Es gibt einen Grund, und der hängt mit der Geschichte dieser Justizvollzugsanstalt zusammen, eine der größten in Deutschland, die 1894 auf dem Gelände des früheren Guts Stadelheim in Giesing errichtet wurde und heute das zentrale Gefängnis der Stadt ist. Denn in der JVA Stadelheim wurden während der Nazizeit mehr als 1.000 Menschen hingerichtet. Meistens waren es politisch Verfolgte, die durch die Guillotine oder den Galgen ermordet wurden, unter ihnen auch die Mitglieder der Weißen Rose. Vielfach wurden die Gefangenen direkt von der Gestapo-Zentrale im Wittelsbacher Palais oder nach willkürlichen Schnellverfahren dem Henker von Stadelheim übergeben. Waren in den Jahren bis 1927 in Stadelheim ganze 14 zum Tode verurteilte Menschen hingerichtet worden, legte die NS-Justiz zwischen 1933 und 1945 in der JVA eine nie mehr zu verwischende Blutspur.

Der Freisinger Bildhauer Wilhelm Breitsameter errichtete dort 1974 eine Gedenkstätte für die Opfer des nationalsozialistischen Terrors, das aber der Öffentlichkeit lange vorenthalten war und so gut wie nicht bekannt ist. Da die ursprüngliche Hinrichtungsstätte 1958 im Zuge der Gefängniserweiterung überbaut worden war, entstand das Denkmal in einem nahen Innenhof des Gefängnisses, einem quadratischen, nach oben offenen Raum, der von einer dicken Betonmauer umgeben ist. Auf einem stilisierten Richtblock steht: »Den Opfern der Gewaltherrschaft von 1933–1945«. Darüber schwebt ein aus Bronze gegossenes Geflecht, das den Galgen und die Guillotine symbolisiert.

Adresse Stadelheimer Straße 12, 81549 München (Obergiesing), Tel. 089/699220 | Anfahrt U1, Haltestelle St.-Quirin-Platz oder Mangfallplatz; Tram 17, Haltestelle Schwanseestraße | Öffnungszeiten Mo–Do 7.30–10 und 12.30–15 Uhr, Fr 7.30–10 Uhr, jeder 1. und 3. Samstag 7.30–10 und 12–14.30 Uhr, Tel. 089/69922250 | Tipp Gedenkstätten für die Mitglieder der Weißen Rose gibt es im Justizpalast und in der Ludwig-Maximilians-Universität.

49 Der Hinterbrühler See

Natur genießen, Boot fahren, Eisstock schießen

Eigentlich ist der Hinterbrühler See im landschaftlich verwöhnten Münchner Süden, wo es entlang der nun renaturierten Isar an schönen Punkten wahrlich nicht mangelt, ein ungewöhnlicher Flecken Landschaft. Da tut sich plötzlich unterhalb des Tierparks Hellabrunn und der Floßlände ein richtiger in sich geschlossener See auf, von dem man auf den ersten Blick meinen könnte, es handle sich um ein Teilstück gefluteter Isar.

Und irgendwie stimmt das ja auch. Denn der Hinterbrühler See ist ein künstliches Gebilde, das es erst seit Anfang des 20. Jahrhunderts gibt, entstanden im Zuge des Baus des Isarwerkkanals und der Kraftwerke Isar 1–3, als man entschieden hatte, die damals recht wilde und mitunter unberechenbare Isar zu bändigen und die Wasserenergie zur Stromgewinnung zu nutzen. Hinzu kam der schmale Floßkanal, durch den einst die Transportflöße fuhren und der heute auf einem Kilometer Länge das letzte Teilstück für die Vergnügungsflöße vor der Endstation an der dann breiter werdenden Floßlände ist. Der Boden wurde ausgebaggert, da man Sand und Kies für die zu errichtenden Dämme und Schutzanlagen zwischen Isar und Kanal benötigte, und der kleine See wuchs. Der Hinterbrühler See erhält sein Wasser über ein Betonrohr aus der Isar und fließt an anderen Stellen wieder in die Isar ab.

Der See, der auch ein kleines, über einen Holzsteg zu erreichendes, etwa zehn Meter vom Ufer entfernt liegendes Inselchen umgibt, das aber meist wegen seltener dort brütender Vogelarten gesperrt ist, liegt inmitten eines malerischen Parks. Ein kleiner Bootsverleih mit Gastronomie liegt direkt am Wasser, im Winter ist der zugefrorene See eine Spezialität für Eisstockschützen. An seinem südlichen Ende, da, wo der Floßkanal abzweigt, steht die monumentale bronzene Skulptur »Der Isarflößer« des Künstlers Fritz Koelle, die er 1939 im Auftrag der Stadt München gefertigt hatte.

Adresse Hinterbrühl / Zentralländstraße, 81479 München (Thalkirchen) | **Anfahrt** U3, Haltestelle Thalkirchen (Tierpark); Bus 134, Haltestelle Rupert-Mayer-Straße; Bus 135, Haltestelle Bad Maria Einsiedel | **Tipp** Wenige Meter vom See entfernt liegt der »Gasthof Hinterbrühl« mit einem schönen Biergarten. Auch die historische Gastwirtschaft »Asam-Schlössl«, Maria-Einsiedel-Straße 45, befindet sich ganz in der Nähe.

50 Das Hochhaus des ADAC

Die Farbe Gelb als Markenzeichen

Die Gegend, das direkt an der Bahntrasse gelegene Gewerbegebiet des Westends an der Hansastraße, mag nicht sonderlich attraktiv sein. Dafür entstand dort aber ein Stück Architektur, das sich sehen lassen kann. Das 92 Meter aufragende, 23 Stockwerke beinhaltende Hochhaus der ADAC-Hauptverwaltung, das Anfang 2012 bezogen wurde. Auf einer Fläche von 75.000 Quadratmetern ist den Berliner Architekten Sauerbruch Hutton ein Wurf gelungen, der in München in diesem Segment binnen Kurzem zur Attraktion geworden ist. Vor allem wegen der schillernden bunten Außenfassade.

Und die soll eine Assoziation zu den »gelben Engeln« des ADAC aufkommen lassen. So haben die Architekten die über 1.000 Fenster des Towers mit 22 verschiedenen, weithin strahlenden Gelbtönen versehen, versetzt mit weißen, orange- und rosafarbenen sowie hellvioletten Nuancen, die einem gigantischen Kunstobjekt gleichen. Das Farbkonzept wurde auch auf die Innenarchitektur des Gebäudes übertragen und findet sich in den fünf Teilen des Gesamtensembles wieder, das den Turm sternförmig umgibt. Der dreieckige, leicht gerundete Büroturm selbst mit seinen 18 Stockwerken baut sich an der Rückseite des fünfgeschossigen, räumlich durchlässigen Sockelbaus auf und wird nach vorn von mächtigen Betonpfeilern gestützt. Der Innenhof des Sterns mit dem zentralen Foyer ist teilweise glasüberdacht. Von hier aus gelangt man in die Büros, die Schulungs- und Konferenzbereiche, die Redaktion der ADAC Motorwelt, die Bibliothek und eine öffentliche Cafeteria. Die rund 2.400 Mitarbeiter des ADAC in München, die bislang auf sieben Standorte über die Stadt verteilt waren, arbeiten nun in diesem äußerst energieeffizienten, mit neuster Umwelttechnologie ausgestatteten Gebäudekomplex, der sich anschickt, zum Wahrzeichen des Münchner Westends zu werden. Von den Architekten Sauerbruch Hutton wurde ebenfalls das 2009 eröffnete Museum Brandhorst gebaut.

Adresse Hansastraße 19, 80686 München (Sendling), Tel. 089/76760 | Anfahrt S7/20/27, Haltestelle Heimeranplatz; U4/5, Haltestelle Heimeranplatz und Westendstraße; Bus 131, Haltestelle Hansastraße | Öffnungszeiten Zu den Bürozeiten des ADAC kann man sich das Foyer anschauen. | Tipp Ebenfalls in der Hansastraße steht das Fraunhofer Hochhaus von 2003, der Stammsitz der Fraunhofer-Gesellschaft.

51_Der Hof der Glyptothek

Am Königsplatz wird auch Theater gespielt

In diesem Museumsbau am Münchner Königsplatz taucht man ausnahmslos ein in die Welt der antiken Bildhauerkunst. Kronprinz Ludwig, der spätere König Ludwig I. (1786–1868), träumte vom »Isar-Athen« und wollte mit der Glyptothek das alte Griechenland nach München holen. Seinen Sohn Otto (1815–1867) machte er im Ränkespiel der damaligen Groß- und Achsenmächte Russland, Frankreich und England gar zum König von Griechenland. München–Athen, seine kulturelle Achse. Bauen ließ Ludwig die Glyptothek mit der Tempelfassade im ionischen Stil zwischen 1816 und 1830 von Leo von Klenze. Er wollte die von ihm selbst gesammelten antiken Originale und wertvollen Kopien aus vier verschiedenen Epochen einer breiten Öffentlichkeit in angemessenem Ambiente zeigen. Im Krieg stark zerstört, wurde das Säulengebäude 1972, ein wenig nüchterner ausgestattet, wiedereröffnet.

Das von Leo von Klenze quadratisch angelegte Museum verbirgt einen weiten luftigen Innenhof, dem heute im hinteren Trakt das Museumscafé folgt. Wer diesen Hof zwischen all den jahrtausendealten griechischen und römischen Skulpturen erreicht, begibt sich in eine Oase der Ruhe. Zwischen den efeubewachsenen und weinlaubberankten Wänden, von hohen Rundbögen und -fenstern unterbrochen, lässt sich unter dichten Bäumen am Fuße des römischen Kaisers Hadrian in antiker Atmosphäre gemütlich Kaffee trinken oder ein Imbiss nehmen.

Zu besonderer Blüte aber erwacht der Innenhof in den Abendstunden, wenn hier zur untergehenden Sonne Theater gespielt wird. Allsommerlich gibt es seit Jahren ein Open-Air-Theater, vornehmlich Antikes steht auf dem Programm, meist unter der Regie und Mitwirkung des Schauspielers Gunnar Petersen. »Der Tod des Empedokles« von Friedrich Hölderlin beispielsweise. Dann taucht das extravagante Publikum an den weißen Gartentischen unter freiem Himmel bei einem Glas griechischen Rotweins tief in die Welt der Antike ein.

Adresse Königsplatz 3, 80333 München (Maxvorstadt), Tel. 089/286100 | Anfahrt U2, Haltestelle Königsplatz; Tram 27, Haltestelle Karolinenplatz; Bus 100 (Museumslinie), Haltestelle Königsplatz | Öffnungszeiten täglich außer Montag 10–17 Uhr, Do 10–20 Uhr | Tipp Gegenüber der Glyptothek befindet sich die Staatliche Antikensammlung.

52 Die Hofbräuhausmühle

Wo in München noch gemahlen wird

In der vierten Generation betreiben die Blums ihre Mühle, mahlen und verkaufen im Mühlenladen an der Neuturmstraße verschiedene Mehle an die Endverbraucher. 1921 hatte Jakob Blum die Malzmühle des Königlichen Hofbräuhauses am Platzl übernommen. Da residierte die Brauerei bereits seit 50 Jahren in den neuen Anlagen an der Wiener Straße in Haidhausen, während am Platzl auf dem Gelände der abgerissenen alten Brauereigebäude die Gaststätte Hofbräuhaus errichtet wurde. Die Mühle, die in diesem Zusammenhang privatisiert wurde, hat mit ihrer regen Geschichte aber alles überdauert und auch die Bombenangriffe des Zweiten Weltkrieges überstanden.

Heute produziert die Hofbräuhaus-Kunstmühle täglich 35 Tonnen Getreide, vollautomatisch und mit elektrischem Strom, seit Ende der 1960er Jahre durch die Verlegung und Zubetonierung nahezu aller Münchner Stadtbäche im Zuge des U-Bahn-Baus die Wasserkraft völlig zum Erliegen kam und ein großes Mühlensterben einsetzte. Bis 1967 floss der Malzmühlbach unter der Hofbräuhaus-Kunstmühle hindurch.

Seit der Stilllegung der letzten mit Wasserkraft getriebenen Mühle am Auer Mühlbach 2007 ist die Hofbräuhaus-Kunstmühle, die 1677 in unmittelbarer Nachbarschaft des staatlichen Hofbräuhauses als deren Malzhaus gebaut und 1703 zur Malzbrechmühle umfunktioniert worden war, die nunmehr einzige Mühle der Stadt. Von der Malzbrechmühle zur sogenannten Kunstmühle wurde die Hofbräuhausmühle im Zuge der Modernisierung und der Umstellung auf die neuen Walzstühle Anfang des 20. Jahrhunderts, die bis heute in Betrieb sind.

Seither wird bei den Blums vorwiegend helles Mehl aus Weizen gemahlen, mit dem die meisten Münchner Pizzabäcker beliefert werden. Heute ist die Hofbräuhaus-Kunstmühle hinter der mittelalterlichen Altstadtfassade eine elektronisch gesteuerte Mehlmischerei und irgendwie auch ein bisschen Museum.

Adresse Neuturmstraße 3, 80331 München (Altstadt), Tel. 089/294222 | Anfahrt U3/6, Haltestelle Marienplatz | Öffnungszeiten Mehlladen Mo–Sa 10–18 Uhr, Bäckerei Mo–Sa 7.30–19 Uhr, Besichtigung möglich nach Voranmeldung | Tipp Exzellentes Brot erhält man in den Hofpfistereien.

53 Die Inseln im Garten

Umrunden mit Tretboot oder Schlittschuhen

Der Kleinhesseloher See im mittleren Teil des Englischen Gartens ist eine Oase der Ruhe und des Vergnügens gleichermaßen. Natürlich kann man sich im schicken Biergarten des Seehauses direkt am Wasser amüsieren, man kann aber auch den See mit seinen Enten, Möwen und Schwänen und den Park nur still genießen. Und dann vielleicht einen Blick auf die drei kleinen malerischen Inseln werfen, dicht bewachsen mit ihren Trauerweiden und Buchen, belebt von einer schwirrenden Vogelwelt. Das sind die rund 2.700 Quadratmeter große Königsinsel in der Mitte des Sees, die etwa halb so große Kurfürsteninsel im Nordwesten, etwa 30 Meter vom Ufer entfernt, und die kleine Regenteninsel bei der Mündung des Oberstjägermeisterbaches, wenige Meter vom Westufer entfernt.

Freiherr Reinhard von Werneck (1757–1842) war es, der 1803 den Kleinhesseloher See zwischen dem Dorf Schwabing und Kleinhesselohe am Nordrand des damaligen Englischen Gartens ausheben und fluten ließ. Ludwig von Sckell (1750–1823) ließ den Kleinhesseloher See auf seine heutige Größe erweitern und legte die drei Inseln an. Sckell und Werneck erhielten zum Dank zwei den Englischen Garten prägende Denkmäler dicht am See.

Seit über 25 Jahren werden neben dem Seehaus Ruder- und Tretboote verliehen, mit denen man den See befahren kann, abends mit Lampions beleuchtet. Vor dem Biergartenbesuch ist man natürlich auf der sicheren Seite. Sollte man aber nach einigen Mass Bier tatsächlich einmal kentern: keine Angst. Man kann schon mal fallen, ohne gleich zu ertrinken. Nur an wenigen Stellen steht man tiefer als bis zum Knie im Wasser. Allerdings sackt es sich langsam in die Entengrütze. Wenn der See im Winter zugefroren ist, eignet er sich bestens zum Schlittschuhlaufen. Viele Münchner treffen sich hier auch zum Eisstockschießen. So kann man die Inseln nach Belieben auf Kufen umrunden. Einmal im Jahr wird der fischreiche See von den Isarfischern e.V. abgefischt.

Adresse Kleinhesselohe 3, 80802 München (Schwabing), Tel. 089/3816130 | Anfahrt U3/6, Haltestelle Münchner Freiheit; U6, Haltestelle Dietlindenstraße; Bus 144, Haltestelle Osterwaldstraße | Öffnungszeiten Seehaus Biergarten: Mo–Fr 11–24 Uhr, Sa, So 10–24 Uhr | Tipp Es empfiehlt sich ein Blick auf das Werneck-Denkmal und die Sckell-Säule. Unweit des Chinesischen Turms befindet sich die Orangerie mit wechselnden Ausstellungen (Englischer Garten 1a).

54 Das Instrumentenensemble

Die Gema und die Kunst am Bau

Das Instrumentenensemble passt zum Gasteig. Es könnte für die Philharmonie stehen, für die Blackbox, die Stadtbibliothek oder das alljährlich hier stattfindende Münchner Filmfest. Es ist aber Teil des sich zur Rosenheimer Straße hin erstreckenden Gasteig-Gebäudes der Gema, der »Gesellschaft für musikalische Aufführungs- und mechanische Vervielfältigungsrechte«, die treuhänderisch die Interessen von über 64.000 überwiegend musikschaffenden Mitgliedern vertritt und dafür Sorge trägt, dass sie für die Nutzung ihrer Werke angemessen bezahlt werden. Denn die meisten Komponisten wissen ja gar nicht, wer ihre Musik- oder Textstücke, also ihr urheberrechtliches Eigentum, im Laufe eines Jahres überall spielt oder benutzt. Die Gema, die über eine Generaldirektion in Berlin und München verfügt, versteht sich als »Schutzorganisation für den schöpferischen Menschen«.

Der Gema-Brunnen, oder wie er nach dem jahrzehntelangen Generaldirektor und Mitbegründer der Gema von 1947 korrekt heißt: Erich-Schulze-Brunnen, steht auch für die Inhalte der Organisation. Platziert ist er zwischen dem eigentlichen Gasteig und dem Verwaltungsgebäude der Gema. 1990 wurde der aus zwei Teilen bestehende Brunnen des 1956 in München geborenen Künstlers Albert Hien eingeweiht. Zum Gasteig hin dominiert eine über sieben Meter hohe Tuba aus Messing, aus deren Schalltrichter eine Wasserfontäne sprudelt, die scheinbar durch zahlreiche weitere Windungen fließt, um sich schließlich durch das Mundstück in ein auf den Boden betoniertes, einem offenen Konzertflügel nachempfundenes Becken zu ergießen. Hinter dem Durchbruch des Gema-Gebäudes stößt man in gerader Linie auf den zweiten Teil des ungewöhnlichen Brunnen-Ensembles: auf eine mit der Öffnung zum Boden hin gerichtete überdimensionierte Hupe aus Bronze, an deren Ende in über fünf Metern Höhe ein vergoldeter Blasebalg prangt.

Adresse Rosenheimer Straße 11, 81667 München (Haidhausen) | **Anfahrt** S1/2/3/4/6/7/8, Tram 15/25, Haltestelle Rosenheimer Platz | **Öffnungszeiten** jederzeit zu besichtigen | **Tipp** Eine zwischen den beiden Gema-Kunstwerken eingelassene Bodenplatte erinnert an Georg Elser und sein Attentat auf Adolf Hitler im November 1939. Die 1989 eingeweihte Gedenktafel liegt da, wo die Säule im Bürgerbräukeller stand, in die Elser die Bombe eingebaut hatte.

55 Die Juristische Bibliothek

Im Rathaus gibt es eine außergewöhnliche Sammlung

Wenn man »Raumnummer 367« hört, denkt man an nichts Besonderes, an eine Ratsstube vielleicht, an einen Versammlungsraum, den Fraktionssaal einer Partei oder irgendein Referatsbüro. Tatsächlich aber verbirgt sich, von der Treppenhalle des Neuen Rathauses am Marienplatz kommend, im dritten Obergeschoss des Mittelbaus, in Raum 376 eben, einer der ungewöhnlichsten Bibliotheksräume Münchens.

Passiert man das Vorzimmer und hat man sich formlos angemeldet, gelangt man in die 120 Quadratmeter große Juristische Bibliothek und in eine Bücheratmosphäre, die man hier im Rathaus so nicht vermuten kann. Den fast zehn Meter hohen Bibliothekssaal zieren entlang zweier den Raum umrahmender Galerien verschiedene Wendeltreppen und Balustraden mit vergoldeten schmiedeeisernen Gittern. Im Saal selbst stehen lange Holztische und PC-Arbeitsplätze für 50 Benutzer. Die Bücher sind in verzierten Eichenschränken und offenen Bücherregalen untergebracht. Kaum ein Münchner kennt diesen vom Architekten Georg von Hauberrisser im dritten Bauabschnitt des neugotischen Rathauses 1906 errichteten Bibliothekssaal.

Die Juristische Bibliothek ist die »Büchersammlung der städtischen Kollegien«, die Behörden- und Arbeitsbibliothek sozusagen. Sie soll dem Stadtrat und der Verwaltung Hilfestellung leisten, inzwischen natürlich auf dem neusten technischen Stand mit Datenbanken und Internetnutzung. Die Bibliothek ist auch öffentliche Präsenzbibliothek und steht somit allen Bürgern, auch Nichtjuristen, zur Verfügung. Inhaltliche Schwerpunkte dieses prunkvollen repräsentativen Bibliothekssaals sind juristische Fachliteratur, Fachzeitschriften, Urteilssammlungen und Gesetzestexte. Rund 12.000 verschiedene Titel stehen allein im historischen Lesesaal, dazu gibt es zahlreiche Loseblattsammlungen und rund 150 Fachzeitschriften.

Adresse Rathaus, Raum 367, Marienplatz 8, 80331 München (Altstadt), Tel. 089/23392709 | **Anfahrt** U3/6, Haltestelle Marienplatz, Eingang Rathauspforte gegenüber dem Fischbrunnen | **Öffnungszeiten** Mo–Fr 9–16.30 Uhr | **Tipp** Empfehlenswert: Das Glockenspiel und eine Fahrt auf den Rathausturm mit Aussichtsgalerie. Auch ein Blick auf den gegenüber dem Eingang zum Neuen Rathaus gelegenen Fischbrunnen lohnt sich.

56 Der Kammladen

Rasierpinsel in Vollendung

Für Freunde der kultivierten Nassrasur ist dieser Laden ein Muss. Denn Rasierpinsel ist nicht gleich Rasierpinsel. Die einen schwören auf die Silberspitz-Pinsel der Marke Thäter, bis zu 100 Euro teuer, andere bevorzugen die Kreationen der Spezialisten Baier oder Mühle. Alle Unternehmen produzieren ihre Rasierpinsel vorwiegend aus Dachshaar. Und die guten Exemplare entstehen ausschließlich in Handarbeit, wobei die filigrane Produktion jahrzehntelanges Knowhow voraussetzt. Denn das Binden und Kleben der Pinsel ist eine Wissenschaft für sich. Die edlen Rasierpinsel bestehen aus einzelnen kunstvoll drapierten Dachshaaren in unterschiedlichen Farbnuancen. Eines der Prachtexemplare: der Silberspitz mit Cocobolo Edelholzgriff.

Es gibt in München nur ein Geschäft, das diese ausgefallenen Rasierpinsel führt und darüber hinaus mit einem nicht minder attraktiven Sortiment an Kämmen, Bürsten und diversem Haarschmuck aufwartet: der Kamm-Weninger am Viktualienmarkt. Dieser kleine Laden am Anfang der sogenannten Metzgerzeile unterhalb des Alten Peter trotzt allen Modetrends und kurzatmigen Geschäftsideen. 1937 eröffneten Martha und Ernst Weninger am Alten Rathaus ihren Kamm-Laden. Im Krieg zerstört und zwischenzeitlich in der Rosenstraße beheimatet, ist das Geschäft 1979 quasi wieder an den Ausgangspunkt gegenüber der Heilig-Geist-Kirche zurückgekehrt. Heute wird der Laden vom Urenkel der Gründerfamilie geführt, von Julian Weninger. Für ihn ist das Geschäft neben Existenzgrundlage und Traditionspflege auch ein Stück Passion. Rasierpinsel, Haarkämme und Haarforken in den unterschiedlichen Preisklassen, aber immer von ausgesuchter Qualität, sind in seinen Augen zeitlos. Der Kamm-Weninger und mit ihm seine acht Angestellten, die in diesem kleinen Geschäft ihre Kundschaft kompetent beraten, sind mit Leidenschaft bei der Sache. Einige schon mehr als 40 Jahre.

Adresse Viktualienmarkt 3, 80331 München (Altstadt), Tel. 089/266102 | **Anfahrt** U3/6, Haltestelle Marienplatz | **Öffnungszeiten** Mo–Fr 9–19 Uhr, Sa 9–18 Uhr | **Tipp** Sehenswert sind die vielen Brunnen auf dem Viktualienmarkt und der größte Maibaum der Stadt, ein Geschenk der Münchner Brauereien an die Bürger.

57 Das Kanalwärterhäuschen

Die Würm versorgt den Nymphenburger Park mit Wasser

Wenn man die Bodenseestraße entlang durch Pasing fährt und in Höhe des Manzingerwegs die Würm überquert, entdeckt man rechter Hand und versteckt im Grünen, auf einem mit Beton umfassten Inselchen, ein winziges Haus, das völlig unwirklich erscheint und mit seinen Gartenzwergen und Blumenarrangements eher Teil einer leicht verkitschten Puppenstube sein könnte: das alte Schleusen- und Kanalwärterhäuschen, vermutlich 1825 als Quartier des Schleusenwärters errichtet, lange bevor hier rechts und links der Würm Wohnhäuser standen und Autos fuhren. Bereits um 1700 herum hatte man im Zuge der Erweiterung des Nymphenburger Schlosses und des Schlossparks durch Kurfürst Max Emanuel den Würmkanal beziehungsweise den Pasing-Nymphenburger Kanal angelegt, um die riesigen Parkanlagen mit ihren Seen, Kaskaden, Wasserspielen und der mächtigen Fontäne des Schlossrondells stets mit genügend Wasser zu versorgen. Und dieses Kanalsystem nahm hier am Kanalwärterhäuschen, wo das Wasser der im Starnberger See entspringenden und bei Dachau in die Amper mündenden Würm gestaut und durch eine Schleuse in den neu gebauten, etwa drei Kilometer langen Kanal bis zum Park abgezweigt wurde, seinen Anfang. Es musste ständig überwacht und reguliert werden, denn dass der Kanal immer genügend Wasser führte, stand in der Verantwortung des Schleusenwartes am Würmwehr.

Auch heute noch versorgt ein Schleusenwärter, der inzwischen in einer größeren Wohnung im Manzingerweg wohnt, auf Geheiß des Nymphenburger Brunnenwarts den Kanal mit Wasser und reguliert die Schleuse, die im Laufe der Jahrzehnte immer wieder leicht modernisiert wurde, immer noch per Hand und Kurbel. Mehrere Male in der Woche tritt Alfons Geyer in Aktion, sorgt für genügend Wasser und achtet darauf, dass keine Eisschollen oder Baumabbrüche die Schleuse verstopfen. Das schmucke, mit einem Satteldach versehene Schleusenhäuschen dient ihm dabei heute als Geräteschuppen.

Adresse Ecke Manzingerweg/Bodenseestraße, 81241 München (Pasing) | Anfahrt Tram 19, Haltestelle Pasing Marienplatz; Bus 57, Haltestelle Pasing Bahnhof | Öffnungszeiten von außen immer zu besichtigen | Tipp Dicht an der Würm, da, wo der Kanal zum Nymphenburger Schlosspark abzweigt, stößt man an der Pippinger Straße auf die sehenswerte Kirche St. Wolfgang.

58 Das Kartoffelmuseum

Kulturgeschichte rund ums Lebensmittel

Dass das Kartoffelmuseum gleich hinter dem Ostbahnhof liegt, ist kein Zufall. Denn auf dem angrenzenden riesigen Gelände, das heute den Kulturpark Ost beherbergt, stand einst Münchens große Kartoffelschmiede, die weit über die nationalen Grenzen hinaus bekannten Pfanni-Werke, von denen zahlreiche industrielle Restspuren geblieben sind. Als das Werk mit der Weltmarke »Pfanni« 1993 verkauft und schließlich unter dem Dach des Unilever-Konzerns landete, die deutsche Dependance nach Ostdeutschland verlagert und das Münchner Gelände in die Kultfabrik umgewidmet wurde, gründete der ehemalige Pfanni-Eigentümer Otto Eckart über seine gleichnamige Stiftung das Kartoffelmuseum. Sozusagen als Reminiszenz an die Familie, die jahrzehntelang und generationenübergreifend, eigentlich seit 1868 schon, von der Kartoffel und dem, was man daraus machen konnte, lebte. Schließlich war es Otto Eckarts Vater Werner (1909–1997), der 1949 den berühmten Pfanni-Knödel erfand und damit die Kartoffel in neue Sphären katapultierte. Nur logisch, dass zum Kartoffelmuseum 2006 noch eine eigene Sammlung »Pfanni« hinzukam.

Beide, Kartoffelmuseum und die Abteilung Pfanni, geben einen tiefen Einblick in die Entwicklung der Kartoffel, vor allem unter kultur- und kunsthistorischem Aspekt. So dominieren neben einer Tour durch die Geschichte und unzähligen Kuriositäten und Absonderlichkeiten rund um die Kartoffel vor allem Kunstwerke, Ölgemälde, Stiche, Grafiken und modellierte Objekte, die immer einen Schwerpunkt haben: die Kartoffel. Da stößt man auf den »Kartoffelpflücker« von Max Liebermann oder die »Kartoffelsammler auf dem Felde« von Hermann Max Pechstein ebenso wie auf ein Selbstporträt von Jörg Immendorff, das ihn inmitten von Kartoffeln zeigt. Dokumentiert wird, dass die Kartoffel in ihrer langen Geschichte immer gleichermaßen Fürstenspeise und Arme-Leute-Essen war, seit ihr Preußenkönig Friedrich II. in Deutschland zum Durchbruch verholfen hatte.

Adresse Grafinger Straße 2, 81671 München (Berg am Laim), Tel. 089/404050 | **Anfahrt** S1/2/3/4/6/7/8, U5, Bus 100/145/152/155/159, Tram 19, Haltestelle Ostbahnhof | **Öffnungszeiten** Di–Do nach Vereinbarung, Fr 9–18 Uhr, Sa 11–17 Uhr, So und feiertags geschlossen | **Tipp** In direkter Nachbarschaft zum Kartoffelmuseum befindet sich die Kultfabrik Ost.

59 Die Kleine Olympiahalle

Gute Stimmung im Schatten der großen Schwester

Man muss im Olympiapark schon intensiv nach ihr suchen, so gut ist sie versteckt auf diesem an Attraktionen reichen Gelände. Die neue Kleine Olympiahalle ist nämlich nicht Teil des berühmten Zeltdachensembles, sondern, um die denkmalgeschützte Silhouette und Ästhetik der Olympiaarchitektur von 1972 nicht zu stören, unterirdisch platziert. Von außen unsichtbar liegt sie zwischen der Großen Olympiahalle und der Olympiaschwimmhalle und ist seit Herbst 2011 in Betrieb. Eine Halle für Konzerte, Messen, Gala-Veranstaltungen, Sportevents und Popkonzerte.

Der Grund für ihren Bau hing mit der Generalsanierung und Modernisierung der in die Jahre gekommenen Großen Olympiahalle zusammen, die vor allem für Rock-Events nicht mehr zeitgemäß war. So wurde die schon bestehende, ebenfalls unterirdische »Kleine Olympiahalle«, in der aber nie eigene Veranstaltungen stattfanden, sondern die immer nur in Ergänzung zur großen Halle genutzt wurde, im Zuge der Umbauarbeiten in den Bühnenbereich der Olympiahalle integriert. Die neue Kleine Olympiahalle führt jetzt ein völlig eigenständiges Dasein als weiterer Spielort in München. 3.600 Besucher haben Platz, wenn die Halle unbestuhlt ist, 2.000 mit Sitzplätzen, ganz nach Bedarf und Nutzung.

Die 2.500 Quadratmeter große Halle wurde direkt in die Hügellandschaft des Parks eingebaut und bildet jetzt ihrerseits eine kleine zusätzliche Erhebung in der Landschaft. Zu erreichen ist sie über eine in die Tiefe führende Treppenrampe. Die innen avantgardistisch anmutende Event-Arena wird durch eine weitflächige Verglasung auch mit Tageslicht versorgt, wirkt transparent und gestattet den Blick nach außen. Die zehn Meter hohe Halle ist flexibel gestaltbar, verfügt über eine moderne Infrastruktur und kann voll verdunkelt werden. Durch den direkten Zugang zur großen Olympiahalle kann sie bei Großveranstaltungen, zum Beispiel bei Reitturnieren, mitbenutzt werden und als Abreiteplatz dienen.

Adresse Spiridon-Louis-Ring 21, 80809 München (Milbertshofen), Tel. 089/30670 | Anfahrt U3, Bus 173, Haltestelle Olympiazentrum | Öffnungszeiten von außen begrenzt einsehbar, bei Veranstaltungen geöffnet | Tipp Das Theatron direkt am Olympiasee ist eine der wenigen Freiluftbühnen Münchens, genutzt vor allem für Konzertveranstaltungen.

60_Das Klohäusl

Jetzt kann man hier ganz anders einkehren

In Berlin wurden in den letzten Jahren verschiedene Toilettenhäuschen in prominenter Lage zu Currywurstbuden und Imbissständen umfunktioniert, die zwischenzeitlich Kultstatus erreicht haben. In München mussten die neuen Pächter Sandra und Henning Dürr im Rahmen einer Ausschreibung monatelang mit der Bayerischen Schlösser- und Seenverwaltung darum ringen, das völlig heruntergekommene, graffitiverschmierte, seit über zwei Jahrzehnten geschlossene Klohäusl an der Lerchenfeldstraße übernehmen zu können. Abgerissen werden durfte der denkmalgeschützte Backsteinbau von 1904 mit dem Satteldach, dem holzverkleideten spitzen Giebel und dem Schornstein nicht. Gebaut hatte ihn der Münchner Architekt und Stadtbaumeister Richard Schachner (1873–1936), auf dessen Konto auch das Schwabinger Krankenhaus und die Großmarkthalle gingen. Aber einen einladenden Bio-Kiosk konnten sich die Verantwortlichen der Schlösser- und Seenverwaltung in dieser einst öffentlichen Toilette, die vor ihrer Schließung ein populärer Schwulentreff war und schließlich besonders stark von der Drogenszene frequentiert wurde, auch nicht vorstellen. Sie wurden eines Besseren belehrt.

Seit Sommer 2011 beherbergt das Gebäude, grundsaniert und frisch renoviert, das »Fräulein Grüneis«, den Kiosk am Eisbach, wie er sich nennt. Das Kiosk-Café, das unweit der Surfer-Welle und des Hauses der Kunst wie ein kleines Wohnhaus am Rand des Englischen Gartens liegt, hat sich zu einem gemütlichen Treff entwickelt, gleichermaßen an heißen Sommertagen wie nach Spaziergängen durch den verschneiten Englischen Garten. In der kleinen Küchenzeile hinter dem Holztresen bereitet die Chefin überwiegend Schmankerl auf Bio-Basis zu. Alles zu äußerst zivilen Preisen. Das neue Pächter-Ehepaar hat den Kiosk voll in seine Lebensplanung eingebaut. Mit der Bayerischen Schlösser- und Seenverwaltung wurde ein Pachtvertrag über 30 Jahre geschlossen.

Adresse Lerchenfeldstraße 1a, 80538 München (Lehel), Tel. 089/43597592 | **Anfahrt** U3/6, Haltestelle Odeonsplatz; Bus 100 (Museumslinie), Haltestelle Königinstraße; Tram 18, Haltestelle Nationalmuseum/Haus der Kunst | **Öffnungszeiten** Mo–Fr ab 7.30 Uhr, Sa, So ab 10 Uhr, jeweils bis kurz nach Einbruch der Dunkelheit | **Tipp** Schräg gegenüber des »Fräulein Grüneis« steht das Rumford-Denkmal von 1795 im Gedenken an den Begründer des Englischen Gartens.

61 Die König-Ludwig-Statue

Hier hatte der Monarch ganz große Pläne

Das hatte sich der König so schön gedacht und in seiner Phantasie unzählige Male durchgespielt. Große Opern und Musikdramen des von ihm vergötterten Komponisten Richard Wagner, aufgeführt in einem imposanten Opernhaus in den Maximiliansanlagen am Hochufer der Isar, zwischen Friedensengel und Maximilianeum, hoch über der Stadt thronend. Ludwig II. (1845–1886) hatte das Opernhaus an dieser Stelle von Architekt Gottfried Semper (1803–1879), der auch die Oper in Dresden gebaut hatte, planen lassen, aber es hielt der Kalkulation der Rechnungsprüfer nicht stand.

Richard Wagner, den König Ludwig II. 1864 nach München gerufen hatte, hatte ihm die Idee schmackhaft gemacht und schon wesentliche Teile des Festspielhauses, vor allem die Innenraumgestaltung, geplant, so wie sie dann später mit Ludwigs finanzieller Hilfe in Bayreuth verwirklicht wurde. Für die Politiker war es wieder eine dieser wiederkehrenden exzentrischen Ideen des Herrschers, die sein Ego befriedigten und die Staatskasse ein Vermögen kosteten. Und die der exzentrische Komponist, der ein Jahr später München verlassen musste, seinem Gönner eingeredet hatte.

Wenn man heute von diesen Plänen Ludwigs weiß und sich, durch die betörende Maximilansanlage schlendernd, hier ein monumentales Festspielhaus vorstellt, zu dem auch noch eine breite Prachtstraße führen sollte, steht man plötzlich und unvermittelt vor dem Initiator dieser Phantasien, vor dem König, dem Denkmal Ludwigs II. Der Bildhauer Anton Rückel (1919–1990) hatte es 1965 auf private Initiative hin geschaffen.

Auf einem Sockel aus hellem Sandstein steht König Ludwig, aus Bronzeguss, überlebensgroß zur Isar schauend, in der Uniform der Sankt-Georgs-Ritter, deren Großmeister er war. Am Sockel sind vier Bronzeplatten montiert. Sie zeigen die Schlösser Linderhof, Neuschwanstein und Herrenchiemsee und die nie gebaute Oper an dieser Stelle.

Adresse Maximiliansanlagen/Maria-Theresia-Straße, 81675 München (Bogenhausen) | **Anfahrt** U4/5, Haltestelle Max-Weber-Platz; Tram 16, Haltestelle Friedensengel; Tram 19, Haltestelle Maximilianeum | **Tipp** Am Prinzregentenplatz steht in unmittelbarer Nachbarschaft zum Prinzregententheater das 1913 eingeweihte, vom Bildhauer Heinrich Waderé geschaffene, mächtige marmorne Sitzdenkmal für den Komponisten Richard Wagner.

62 Die Kraemer'sche Mühle

Heute wird hier Kaffee geröstet

Man muss sich das so vorstellen: Als Karl Kraemer die bereits seit 1701 existierende Papiermühle am Auer Mühlbach nahe der Hangkante des Isarhochufers 1863 kaufte und sie zu einer Getreidemühle umbauen ließ, gab es ringsum so gut wie keine Bebauung, stand die Mühle allein am Bach auf weiter Flur. Bis Anfang des 20. Jahrhunderts wurde auf dem mühleneigenen Gelände an der Schönstraße sogar noch Getreide angebaut. Aber die Kraemermühle wurde schnell zu einer ersten Adresse in der an Mühlen reich bestückten Stadt. Ausgerüstet mit dem Know-how der Cannstatter Stadtmühle, die Karl Kraemers Vater betrieb, führte der Sohn neueste Technik ein, wurde vom Wasser immer unabhängiger und verwandelte das Unternehmen damit in eine sogenannte Kunstmühle. Das Wasserrad hatte ausgedient, Turbinen und Walzenstühle betrieben nun die Getreidemühle. Angeschlossen an die Mühle, die in erster Linie die Backindustrie belieferte, war eine Spedition mit anfänglich noch zahlreichen Pferdefuhrwerken. Die stets der Familie Kraemer gehörende Mühle wurde im Krieg weitgehend zerstört, startete aber nach dem Wiederaufbau 1949 erneut durch. Mit wechselndem Erfolg arbeitete die aus zahlreichen Betriebsgebäuden bestehende Mühle, der 1960 noch ein achtstöckiger Getreidesilo angebaut wurde, der heute der markante Punkt der Mühle ist, bis 2007. Da kam das Aus, der Mühlenbetrieb warf keinen Gewinn mehr ab.

Die auf einer kleinen, durch einen Abzweig des Auer Mühlbachs künstlich errichteten Insel stehende Kraemermühle mit ihrem 37.000 Quadratmeter großen Gelände, ist immer noch im Besitz der Nachfahren der Familie Kraemer und wurde jetzt in ein Büro- und Gewerbegebäude umgebaut. Teile der Mühle sollen kulturellen Zwecken zur Verfügung gestellt werden. Und zu einem richtigen Treffer in der Mühle ist das »Caffé Fausto« mit eigener Rösterei geworden, das sich am Auer Mühlbach besonders im Sommer zu einem echten Geheimtipp entwickelt hat.

Adresse Birkenleiten 41, 81543 München (Untergiesing), Tel. 089/62447860 | **Anfahrt** U1, Haltestelle Candidplatz oder Wettersteinplatz; Tram 52, Haltestelle Tierpark (Alemannenstraße); Tram 15/25, Haltestelle Kurzstraße; mit dem Auto Zufahrt von der Schönstraße über die Lebscheestraße | **Öffnungszeiten** »Caffé Fausto«: Mo–Fr 11–19 Uhr, Sa 10–17 Uhr, So 13–20 Uhr | **Tipp** Empfehlenswert ist der Biergarten des Gasthauses »Siebenbrunn« direkt neben dem Tierpark, Siebenbrunner Straße 5.

63 Die Kreppe

Verwunschenes Leben in Haidhausen

Wer davorsteht, möchte hinein, am besten in einem der kleinen schmuckvollen Häuschen an der Kreppe wohnen. Einmal besticht die versteckte Lage der winzigen Gasse zwischen Max-Weber-Platz und Wiener Platz hoch über der Isar, und dann sind es die alten hergerichteten Häuser selbst, die einem das Herz höherschlagen lassen. »An der Kreppe«, das sind drei abschüssig gelegene Kleinhäuser aus dem späten 18. und frühen 19. Jahrhundert.

Was heute im hektischen Großstadttreiben wie eine Oase der Ruhe wirkt, fast museal, war Teil des jenseits der Stadtmauer vorgelagerten Herbergsviertels auf der anderen Seite der Isar, von dem in Haidhausen heute noch einige weitere Häuser in der Preysingstraße stehen. Hier lebten die armen Leute, angelockt von den großen Bauprojekten Münchens, die Beschäftigung versprachen, die nur zum Arbeiten in die Stadtmauern gelassen wurden, aber selbst über keinerlei Stadtrechte verfügten und deshalb auch nicht innerhalb der Stadtmauern wohnen durften. Tagelöhner, überwiegend Maurer und Zimmerleute, bezogen die kleinen und engen Herbergen, bis zu zehn Familien lebten teilweise unter einem Dach in winzigen Zimmern, ohne Kanalisation und Wasserleitungen. Meistens konnten die Herbergshäuser, die vielfach auf wertlosem, für die Landwirtschaft ungeeignetem Grund gebaut wurden, von den Zugezogenen anteilsmäßig zu günstigsten Konditionen erworben werden.

Lange wurden diese Häuser vernachlässigt, kamen herunter. Die Herbergshäuser »An der Kreppe« wurden erst in den 1970er Jahren an die Kanalisation angeschlossen. Die Bewohner versorgten sich bis dahin am alten Pumpbrunnen am Wiener Platz mit Trinkwasser. Neben den drei Häusern »An der Kreppe« gibt es zwei weitere direkt am Wiener Platz. Insgesamt gab es in Haidhausen und der Au einige Hundert dieser vorindustriellen Kleinhäuser, die im Zuge der Stadterweiterung Münchens ab dem Ende des 19. Jahrhunderts den großzügigen Gründerzeitbauten weichen mussten.

Adresse An der Kreppe, 81667 München (Haidhausen) | Anfahrt U4/5, Haltestelle Max-Weber-Platz; Tram 16, Haltestelle Wiener Platz; S1/2/3/4/6/7/8, Haltestelle Rosenheimer Platz, Ausgang Gasteig | Tipp Im Üblacker Häusl in der Preysingstraße 58 gibt es ein kleines Museum zur Geschichte der Herbergshäuser.

64_Der Kubus

Im Hofgarten wird an die Gegner des NS-Terrors erinnert

Am Ende des Hofgartens in unmittelbarer Sichtachse der zur Staatskanzlei führenden freigelegten Renaissance-Arkaden, und damit zum Zentrum der Macht, steht der große mächtige Kubus aus schwarzem Granit, der einen zum Innehalten auffordert und an dem sich einige Augenblicke der Besinnung lohnen: »Zum Erinnern – Zum Gedenken« steht da eingraviert. Ein beeindruckendes Mahnmal zur Erinnerung an den Widerstand in der Nazizeit und an die ermordeten Juden. Und wenn man sich dann genauer auf den 1996 an dieser Stelle errichteten Gedenkstein einlässt, entdeckt man in den Granit eingelassene handgeschriebene Zitate aus den Flugblättern der Widerstandsgruppe Weiße Rose rund um die Geschwister Hans und Sophie Scholl, einen Aufruf des Generals Erwin von Witzleben zu Frieden und Völkerverständigung und einen handschriftlichen Auszug aus dem Brief Josef Hufnagels, 40 Jahre alt, Bauer, 1944: »Meine Lieben, Mein letzter Brief, den ich Euch schreibe. Das Gnadengesuch ist abgelehnt worden. Ich werde um 15 Uhr hingerichtet. Also lebt wohl und in der Ewigkeit sehen wir uns wieder.« Auf dem Kubus liegen angehäuft unzählige kleine Steine zum Gedenken an die Toten des Terrors.

Das Mahnmal wurde 1996 von dem saarländischen Bildhauer Leo Kornbrust entworfen und vor den Alten Hofgartenarkaden der Staatskanzlei am nordöstlichen Ende des Hofgartens aufgestellt. Leo Kornbrust gilt als ausgewiesener Künstler von Großskulpturen im öffentlichen Raum. Der schwarze Granit-Kubus erzielt seine wuchtige und dennoch zurückgenommene Wirkung nicht zuletzt durch die räumliche Nähe zu dem 1924 entstandenen Kriegerdenkmal in Erinnerung an die 13.000 im Ersten Weltkrieg gefallenen Münchner mit der begehbaren Gruft und der Skulptur »Toter Krieger«. All das steht unmittelbar vor der in die Staatskanzlei architektonisch integrierten Restruine mit der alten Kuppel des früheren bayerischen Armeemuseums.

Adresse nördlich des Hofgartens, unweit des Prinz-Carl-Palais, 80539 München (Maxvorstadt) | **Anfahrt** U3/6, Haltestelle Odeonsplatz; Tram 18, Haltestelle Nationalmuseum/Haus der Kunst; Bus 100 (Museumslinie), Haltestelle Königinstraße | **Tipp** Es lohnt sich ein ausführlicher Spaziergang durch den Hofgarten und die ihn begrenzenden Arkaden.

65_Der Künstlergarten

Zu Besuch beim Malerfürsten

Das Café der Villa Stuck, das Museumscafé, ist ein luftiger, lichtdurchfluteter Raum gleich im Eingangsbereich der Villa. Es ist dem Museum vorgelagert, also auch jederzeit zu besuchen, ohne an einen Museumsbesuch gebunden zu sein. Noch schöner sitzt man im malerischen Künstlergarten im Hof dieses imposanten Gebäudes mit der von Säulen umgebenen großen Terrasse und ihrer reichen Vegetation, den auf Sockeln aufgereihten Büsten antiker Persönlichkeiten und der überwachsenen Pergula entlang der gesamten Westseite der Villa. Dabei nimmt die Struktur des Gartens in seinen strengen rechteckigen Formen die Architektur und Fassadengestaltung der Künstlervilla auf. Ein Hauch Italien durchweht dieses Refugium abseits der Prinzregentenstraße mit seinen zahlreichen Kunstwerken und in die Gartenmauer eingelassenen Reliefs des Meisters selbst. Hier ist man zu Besuch beim Malerfürsten Franz von Stuck (1863–1928).

Der hatte die als Atelier- und Wohnhaus geplante neoklassizistische Villa selbst entworfen und bis ins Detail ausgetüftelt 1898 bauen lassen. Der Phantasie, aber auch der Selbstdarstellung des durchaus narzisstisch veranlagten Malers schienen keine Grenzen gesetzt zu sein. Die Villa hoch über der Isar galt als Sensation. 1915 wurde ihr ein vom Meister höchstpersönlich konzipiertes großräumiges Ateliergebäude angefügt. Nachdem die Villa Stuck 1992 in den Besitz der Stadt München übergegangen war, wurde sie einige Jahre später grundlegend nach modernsten Kriterien umgebaut und 2005 wiedereröffnet, ohne aber ihren Charakter verloren zu haben. Der Eingangsbereich wurde nun weg vom früheren Säulenportal mit der davorstehenden Amazonenskulptur zwischen die beiden Gebäude, den pompösen Atelierbereich und die opulenten Privaträume, die einst ineinander übergingen, verlegt und mit einem Glasdach versehen. Er verfügt über einen direkten Zugang zum Künstlergarten, der jetzt jedem Besucher offen steht.

Adresse Prinzregentenstraße 60, 81675 München (Bogenhausen), Tel. 089/4555510 | Anfahrt U4, Haltestelle Prinzregentenplatz; U5, Haltestelle Max-Weber-Platz; Tram 16, Bus 100 (Museumslinie), Haltestelle Friedensengel | Öffnungszeiten Di–So 11–18 Uhr | Tipp Am Prinzregentenplatz stößt man auf das sehenswerte im Jugendstil gebaute und 1901 eröffnete Prinzregententheater.

66 Der Künstlerhof

Ateliers und Galerien in Neuhausen

»Zum Künstlerhof« heißt die gesamte Straße, eine Sackgasse, die sich am Ende in einen ausladenden Hof, den eigentlichen Künstlerhof, auswächst, auf dem es zahlreiche Atelierbauten gibt, die durch große helle Fenster gekennzeichnet sind und über jeweils ein kleines Obergeschoss verfügen. Den Hof markiert ein Brunnen mit einer bronzenen Storchengruppe, 1929 vom Bildhauer Emil Manz (1880–1945) geschaffen. Ein am Ende des Künstlerhofes in die Außenwand eingelassener hoher Torbogen führt Richtung Arnulfstraße auf ein grünes Dreieck mit Spielplatz, an dessen Außenseite ein flacher Bau mit weiteren Künstlerateliers steht, die entsprechend nummeriert sind. Der Künstlerhof ist eine Zone der Ruhe und Muße inmitten einer riesigen, in dieser Form in München einmaligen Siedlung.

Als Reaktion auf die in der Wirtschaftskrise auch damals schon in München herrschende Wohnungsnot entstand zwischen 1928 und 1930 am Rande Neuhausens ein außergewöhnliches städtebauliches Projekt, weitflächig angelegt, mit Dutzenden von Wohnblöcken. Der Architekt und Stadtplaner Hans Döllgast (1891–1974), der nach dem Zweiten Weltkrieg auch die schwer beschädigte Alte Pinakothek wiedererbaut hatte, übernahm die Gesamtplanung dieser rund 1.800 Wohnungen umfassenden Anlage, für die eigens das heute städtische Unternehmen Gemeinnützige Wohnungsfürsorge AG (Gewofag) gegründet wurde. Die lang gestreckten Häuser, schnörkellos und funktional gehalten, aber mit neuester Technik ausgestattet, wurden im damals aktuellen Zeilenbaukonzept errichtet und als Antwort auf die städtischen »Mietskasernen« verstanden. Dazu gehörten aber auch eine intakte Infrastruktur mit Geschäften und Lokalitäten sowie der erklärte Wille, und das war neu, Kunst und Künstler anzuziehen. Deshalb wurden eigens eine Reihe Ateliers geschaffen, die auch heute noch den Charme dieser im Stil der »Neuen Sachlichkeit« gebauten Siedlung ausmachen.

Adresse Zum Künstlerhof, 80634 München (Neuhausen) | Anfahrt U1, Haltestelle Rotkreuzplatz; Tram 16/17, Haltestelle Briefzentrum oder Steubenplatz | Tipp Das herausragende Gebäude ist der am Steubenplatz liegende sogenannte »Amerikanerblock« mit seinen markanten rundlichen Seitenbalkons, finanziert durch amerikanische Kredite. Er ist das mit Abstand größte Wohnhaus Münchens.

67 Das Kurt-Eisner-Denkmal

Am Oberanger wird dem Gründer des Freistaates gedacht

Die Geschichte sollte hinlänglich bekannt sein: Das USPD-Mitglied Kurt Eisner wurde nach der Novemberrevolution 1918 und dem Ende der Monarchie der erste bayerische Ministerpräsident und Begründer des Freistaates Bayern. Am 21. Februar 1919 fiel der 1867 in Berlin geborene demokratische Sozialist und Pazifist auf dem Weg zum damaligen Landtag in München einem Attentat zum Opfer. Das Motiv des Täters: »Hass auf Juden und Bolschewisten«. Eine in der Kardinal-Faulhaber-Straße auf dem Bürgersteig eingelassene Gedenkplatte mit den Umrissen des Ermordeten erinnert an die Bluttat. Ein ehrendes Denkmal für den Revolutionär und großen Politiker, mit dem viele Konservative im Freistaat bis heute ihren Frieden nicht geschlossen haben, gab es in München bis 2011 nicht. 2008 beschloss der Münchner Stadtrat endlich, ein Denkmal für Kurt Eisner zu errichten. Aus einem Ideenwettbewerb ging die Arbeit der Münchner Künstlerin Rotraut Fischer als Siegerin hervor, im Mai 2011 wurde die Gedenkstätte am Oberanger, unweit der Münchner SPD-Zentrale, enthüllt. Eine durchsichtige, großflächige Skulptur aus grünlich schimmerndem Glas mit einer bläulichen Schrift und dem Satz: »Jedes Menschenleben soll heilig sein«. Ein Zitat aus Kurt Eisners Aufruf an die Münchner Bevölkerung vom 7. November 1918, in dem er den Freistaat Bayern proklamierte. Das aus mehreren über drei Meter großen sich spiegelnden Glaselementen bestehende Objekt ist in sich verschachtelt, offen und begehbar. Von innen ist es nachts beleuchtet, wodurch die Inschrift besonders zur Geltung gebracht wird.

Das Denkmal am Oberanger ist aber nicht unumstritten. So kritisieren zahlreiche Politiker und Wissenschaftler den »fußgängerfernen« und für den Linkssozialisten zu »SPD-nahen« Standort am Oberanger. Und das ihrer Meinung nach aus dem Zusammenhang gerissene und allzu beliebige Zitat, das dem Revolutionär und Pazifisten nur begrenzt gerecht wird.

Adresse Oberanger 38, 80331 München (Altstadt) | Anfahrt U1/2/3/6, Haltestelle Sendlinger Tor | Tipp Von hier aus sind es nur wenige Meter bis zum Stadtmuseum, das sich auch mit der jüngeren Geschichte Münchens auseinandersetzt.

68 Das Lapidarium

Geschichte und Architektur des Alten Südfriedhofs

Der Ausdruck »Museum« will nicht so recht passen, aber museal ist es zutiefst, das 2009 eröffnete Lapidarium auf dem Alten Südfriedhof mit all seinen Grabrelikten. Denn die alte Aussegnungshalle, die in den letzten Jahren eher als Rumpelkammer und Abstellraum für alte Grabsteine gedient hatte, wurde 2009 mit großem Aufwand und der Unterstützung der Stiftung Straßenkunst der Stadtsparkasse München renoviert und zum kunsthistorischen Entree dieses wahrscheinlich historisch wichtigsten aller Münchner Friedhöfe gemacht, und damit zu einem Stück Stadtgeschichte.

Zu sehen sind wertvoller Grabschmuck, Büsten, Skulpturen und bronzene Tafeln. Das Lapidarium bietet einen kleinen Exkurs durch die Architektur und Geschichte dieses bereits 1563 geweihten Friedhofs, eröffnet einen Blick auf viele Münchner Persönlichkeiten aus Politik, Wissenschaft und Kultur, die hier in den zurückliegenden Jahrhunderten begraben wurden. Zu sehen sind seltene Bildhauerarbeiten, unter anderem von Franz Jakob Schwanthaler (1760–1820). Ein Animationsfilm in 3-D führt durch die lange Geschichte dieses Friedhofs.

Der ursprünglich vor den Toren der Stadt als Pestfriedhof angelegte Alte Südfriedhof, der bis 1788 Münchens einzige Begräbnisstätte war, wurde im Zweiten Weltkrieg durch Bomben stark beschädigt. So auch zahlreiche Ehrengräber Münchner Persönlichkeiten mit kunstgeschichtlich herausragenden Denkmälern und Skulpturen. Die 1819 aus rotem Backstein gebaute Aussegnungshalle wurde 1950 zwar wieder hergerichtet, verlor aber ihre Funktion, da 1944 auf dem Alten Südfriedhof der Bestattungsbetrieb eingestellt worden war. Eine richtige Verwendung gab es für die Halle nie, sie verfiel zusehends, bis sie jetzt zum Lapidarium, dieser ungewöhnlichen Steinsammlung am Rande dieses bei den Münchnern so populären innerstädtischen Friedhofspark umfunktioniert wurde. Auf dem Friedhof sollte man auch einen Blick in die kleine Kirche St. Stephan werfen.

Adresse Thalkirchner Straße 17, 80337 München (Isarvorstadt), Tel. 089/23199301 | Anfahrt U3/6, Haltestelle Goetheplatz; U1/2/3/6, Tram 16/17/18/27, Bus 52, Haltestelle Sendlinger Tor; Bus 152, Haltestelle Stephansplatz | Öffnungszeiten Lapidarium: im Rahmen von Friedhofsführungen April–Okt. zu besichtigen, Tel. 089/23199325. Die Exponate können durch das Türgitter am Eingang betrachtet werden, automatische Beleuchtung. Öffnungszeiten Friedhof: Okt.–Feb. 8–17 Uhr; März–Sept. 8–18 Uhr; April–Aug. 8–19 Uhr | Tipp Es ist nicht weit bis zum Kunstraum München mit wechselnden Ausstellungen, Holzstraße 10.

69 Die Lothringer 13

Ein Eldorado für junge Künstler

Die Lothringer 13 gibt es bereits seit 1980, früher noch unter dem Namen »Künstlerwerkstatt«. Angesiedelt ist sie in einer ehemaligen Maschinenfabrik im Stadtteil Haidhausen. Weit über 1.000 Künstler haben hier seither ausgestellt. Seit dem Jahr 2000 aber präsentiert sich die »städtische Kunsthalle«, die als Non-Profit-Unternehmen vom Kulturreferat der Stadt München getragen wird, mit neuem Konzept.

Unter der Federführung wechselnder Kuratoren oder Kuratorenteams werden in den 800 Quadratmeter großen, bis zu vier Meter hohen Räumen, vor allem in der riesigen Haupthalle, Ausstellungen experimenteller zeitgenössischer Kunst gezeigt, mindestens sechs Präsentationen pro Jahr. Hinzu kommt das in eigener Regie betriebene Video- und Kunstarchiv »Spiegel«, in dem Künstlervideos seit den 1960er Jahren archiviert werden. Ebenfalls zum Kunstkomplex gehört der »Laden«, ein zur Lothringer Straße hin selbstständig agierender Kunstraum im Schaufenster, der überwiegend für mediale künstlerische Experimente genutzt wird.

Die Lothringer 13 versteht sich als Aktions- und Ausstellungsraum gleichermaßen. Sie bietet vor allem jungen Künstlern eine Produktions- und Präsentationsplattform, um sich im Kunstbetrieb zu etablieren, und soll durch Einzel- und thematische Gruppenausstellungen die internationale Gegenwartskunst in den Dialog mit Münchner Künstlern treten lassen. Aber die Lothringer 13 ist mehr als nur eine Halle für internationale Gegenwartskunst. Sie ist interdisziplinäre Plattform für die unterschiedlichen kreativen Aktivitäten. Das beinhaltet auch alle Facetten angewandter Videokunst, die in der Lothringer 13 neben ihrer Archivierung von besonderer Bedeutung ist, Musik und Literatur. So finden immer wieder Konzertreihen vor allem neuer und experimenteller Musik statt, gibt es Lesungen und offene Diskussionsforen über die unterschiedlichen Entwicklungen in der Kunstszene.

Adresse Lothringer Straße 13, 81667 München (Haidhausen), Tel. 089/4486961 | Anfahrt S1/2/3/4/6/7/8, Haltestelle Rosenheimer Platz oder Ostbahnhof; U5, Haltestelle Ostbahnhof; Tram 15/25, Haltestelle Rosenheimer Platz | Öffnungszeiten Di–So 11–19 Uhr | Tipp Es lohnt sich, einen Blick auf den sogenannten Glaspalastbrunnen am Weißenburger Platz zu werfen.

70_Das Maria Passagne

Zum Absacker ins Etablissement mit Kultstatus

Unauffälliger kann eine Kneipe von außen nicht aussehen. Hierher kommt nur, wer das Etablissement kennt, schätzt und damit gezielt ansteuert. Das »Maria Passagne« ist ein sogenannter Club privé. Man muss seitlich der schwarzen Tür mit den blickdichten, mit rotem Stoff verhangenen Fenstern klingeln.

Dann wird geöffnet, der Gast kurz fixiert und in aller Regel eingelassen. Es sei denn, der Laden ist voll, alle Tische sind besetzt. Denn das »Maria Passagne« ist winzig. Gerade mal 40 Gäste haben an den kleinen Tischen und der Bar Platz. Und da das Lokal auf einen intimen Rahmen Wert legt, sitzen die einzelnen Pärchen auch nicht allzu dicht nebeneinander.

Alles spielt sich in einem Raum ab, einem in dunklen Rottönen gehaltenen Zimmer, im Stil der 1950er und 1960er Jahre. Mit viel afrikanischer Dekoration und Keramikmasken an den Wänden. Alles wirkt wie in einem etwas nostalgischen Wohnzimmer. Das Licht ist eher schummrig, die Musik, meistens Jazz oder Soul, gedämpft. Der Gast soll das Gefühl haben, sich fallen lassen zu können. Große Gruppen sind hier unerwünscht, allzu laute Menschen auch. Und das im doch ziemlich umtriebigen Haidhausen. Aber genau dieses Konzept macht den Charme dieser Bar aus, die es seit über 20 Jahren gibt.

Radau und Randale sind hier Fehlanzeige. Das Publikum ist gemischt, alle Altersgruppen verkehren in der Steinstraße. Beliebt ist das »Maria Passagne« bei Paaren, die sich in guter Atmosphäre unterhalten wollen. Weitab von Handygesprächen und Klingeltönen. Und das will Wirt und Besitzer Gerhart Rehm unbedingt beibehalten. Im »Maria Passagne« besonders begehrt sind die gut gemixten Cocktails, und da rangiert an vorderer Stelle der Caipirinha, der zu den besten in Haidhausen zählen soll. Es gibt ausgesuchte Kleinigkeiten zu essen: Suppen, Sushi-Kreationen und einige Thaigerichte.

Adresse Steinstraße 42, 81667 München (Haidhausen), Tel. 089/486167 | Anfahrt S1/2/3/4/6/7/8, Haltestelle Rosenheimer Platz | Öffnungszeiten Mo–Do 19–1 Uhr, Fr, Sa 19–2 Uhr, So Ruhetag, Reservierung tagsüber mobil 0177/6924414 | Tipp Wer im Hellen unterwegs ist, kann sich in der Preysingstraße 71 den Kriechbaumhof anschauen, ein 300 Jahre altes wieder aufgebautes Holzhaus, das heute im Besitz des Deutschen Alpenvereins ist.

71 Der Maßmannpark

Grüne Lunge in nicht vermuteter Umgebung

Wahrscheinlich gehört der Maßmannpark zu den unauffälligsten grünen Oasen im ja ansonsten mit Parks verwöhnten München. Und dennoch hat diese »grüne Lunge«, die versteckt im Dreieck zwischen Schleißheimer-, Maßmann- und Dachauer Straße liegt und deshalb den meisten Menschen gar nicht auffällt, wenn sie im Auto diese stark frequentierten Straßen passieren, ihren eigenen Charme. Sie sollte deshalb nicht nur den Beschäftigten der umliegenden Büros die Mittagspause verschönern oder den Schülern und Studenten der nahen Gymnasien und der Fachhochschule für sportliche Aktivitäten vorbehalten sein. Besonders gewonnen hat der zwei Hektar große Park mit seinem Maßmannbergl, seit er vor einigen Jahren komplett saniert und mit einem Zaun umgeben wurde. Das Mitführen von Hunden wurde gänzlich untersagt. Die Grünanlage wartet mit reichhaltigen Sportgelegenheiten auf, die munter genutzt werden: ein Basketballfeld, eine Street-Soccer-Anlage, ein Skatepark mit zahlreichen Rampen.

Anfang des 19. Jahrhunderts hatte Hans Ferdinand Maßmann (1797–1874), Philologe aus Berlin und ab 1829 Professor für Germanistik an der Universität in München sowie ein leidenschaftlicher Jünger des Turnvaters Jahn, von Kronprinz Ludwig I. den Auftrag erhalten, auf diesem Gelände eine große Turnanstalt zu bauen. Das »Wiesenfeld«, wie es damals hieß, war einst durch Kommerzienrat Dominikus von Schweiger von einem brachliegenden Flecken Land vor den Toren der Stadt zu einem üppigen Garten kultiviert worden. 1830 wurde der Turnplatz mit der Königlichen öffentlichen Turnanstalt in Betrieb genommen, in den darauffolgenden Jahren kamen zwei weitere Turnhallen hinzu. Alle Gebäude wurden im Zweiten Weltkrieg durch Bomben zerstört, anschließend ein kleiner Park angelegt, der 2009 gründlich restauriert wurde. Ein Gedenkstein unterhalb des Hügels zeugt heute, allerdings durch die Zeit nur noch schwer lesbar, von den Aktivitäten Maßmanns.

Adresse Maßmannstraße 10, 80333 München (Maxvorstadt) | Anfahrt U1, Haltestelle Stiglmaierplatz; U2, Haltestelle Theresienstraße | Öffnungszeiten ständig geöffnet | Tipp Von hier ist es nicht weit zur neoromanischen Kirche St. Benno aus dem 19. Jahrhundert am Ferdinand-Miller-Platz und zur Hochschule München (früher Fachhochschule) in der Lothstraße.

72 Der Maximilianeumsanbau

Der Landtag hat sich modern erweitert

Der Bayerische Landtag, der seit 1949 am Ende der Maximilianstraße, im am Hochufer der Isar gelegenen, sich monumental auftuenden Maximilianeum residiert, platzte seit Jahren aus allen Nähten. Raumnot, vor allem seit mit den Freien Wählern und der FDP 2008 zwei weitere Fraktionen und ihr Gefolge in den Landtag eingezogen waren. 2009 wurde ein internationaler Wettbewerb ausgeschrieben, um in das eng begrenzte, historisch wertvolle und denkmalgeschützte Areal des Maximilianeums einen Erweiterungsbau zu setzen. Den Zuschlag erhielt das Berliner Architekturbüro Léon Wohlhage Wernik.

Den Architekten gelang mit ihrem in der Form eines Kubus gehaltenen Gebäudes, das von der Maximiliansbrücke kommend in der Umrundung auf der linken Seite sichtbar wird, ein Wurf, der sich wohltuend von der 1960er-Jahre-Architektur der bereits existierenden Gebäude hinter den Mauern des Maximilianeums abhebt. Fünf Stockwerke misst der an den Fassaden mit farbigen Keramiktafeln zwischen den Fenstern versehene Bau, der sich damit an den vorgegebenen Farbrichtungen der historischen Wände orientiert. Im überstehenden Oberteil, der Auskragung, beherbergt der Neubau den Sitzungssaal, mit einem für die Abgeordneten auf drei Seiten vorzüglichen Blick über die Isarauen. Hinzu kommen 65 Büros, Konferenz- und Besprechungszimmer, vielfach mit einer ruhig wirkenden roten Holzverkleidung ausgestattet.

Das Maximilianeum, das im Auftrag des Königs Maximilian II. vom damaligen Hofarchitekten Friedrich Bürklein (1813–1872) geplant und schließlich 1874 fertiggestellt wurde, beheimatet, historisch verbrieft und von der Öffentlichkeit so gut wie nicht wahrgenommen, auch die Stiftung Maximilianeum für besonders begabte bayerische Studenten, von denen ständig rund 50 in direkter Nachbarschaft zum Landtag leben. Der Korrektheit halber sei gesagt: Der Landtag ist Untermieter der Stiftung, der das Maximilianeum gehört.

Adresse Max-Planck-Straße 1, 81675 München (Haidhausen), Tel. 089/41260 | **Anfahrt** U4/5, Tram 15/16/19/25, Bus 91, 191, 192, Haltestelle Max-Weber-Platz; Tram 19, Haltestelle Maximilianeum | **Öffnungszeiten** Der Bau kann von außen angesehen werden. Besichtigungen des Maximilianeums sind nur über die jeweiligen Landtagsabgeordneten möglich. | **Tipp** Zwischen Maximilianeum und Friedensengel lohnt ein Spaziergang durch die Maximiliansanlagen mit einem Blick auf das Maxwerk, das barock verkleidete älteste und kleinste Wasserkraftwerk Münchens, oder ein Besuch der Praterinsel südlich der Maximiliansbrücke.

73 Die Mondstraße

Hier spielte schon ein wichtiger Nachkriegsroman

Für die einen ist es »Klein-Venedig«, andere fühlen sich an die Grachten Amsterdams erinnert. Alles ist natürlich maßlos übertrieben, aber dennoch: Die Mondstraße ist vor allem an der Stelle, wo die Rückseite einer ganzen Häuserzeile mit ihren spätbiedermeierlichen Gebäuden dicht am offen fließenden Auer Mühlbach liegt, eine Münchner Rarität. Die zweigeschossigen Hinterhäuser dieses Untergiesinger Kleinods, alle um 1875 im sogenannten Traufhausstil gebaut, werden unmittelbar vom Wasser umspült, so wie es andernorts nur aussieht, wenn Hochwasser herrscht. In der Mondstraße könnte man vom Fenster oder von der Terrasse aus direkt ins Bötchen steigen.

So wie der Mühlbach plötzlich vor Hausnummer 14 sichtbar wird, so überraschend taucht er am Ende der Häuserzeile unter der Kupferhammerstraße wieder in den Untergrund ab. Insgesamt besteht die Mondstraße neben der malerischen Zeile am Mühlbach 2–9 aus zwei weiteren Straßenabschnitten, die alle auf einen kleinen zentralen Platz zulaufen.

Die Mondstraße, die vollständig unter Ensembleschutz steht und sich deshalb bislang immer gegen wesentliche bauliche Veränderungen erfolgreich zur Wehr setzen konnte, war schon Mittelpunkt des ersten und wohl auch populärsten Romans von Sigi Sommer (1914–1996), des unvergessenen Chronisten des Münchner Alltagslebens, der mit seiner Kolumne als »Blasius, der Spaziergänger« in der Abendzeitung zur Legende wurde. In der damaligen Mondstraße 46, einem vierstöckigen Mietshaus, spielt sein 1953 erschienener Nachkriegsroman »Und keiner weint mir nach«, der in den Jahren zwischen 1924 und 1952 angesiedelt ist. Sigi Sommer erzählt die Geschichten der Mieter dieses Hauses, ihr Alltagsleben, ihre Schicksale, die vielen kleinen und großen Dramen einer durch die zeitgeschichtlichen Wirren verlorenen Generation. Und das in der detaillierten Beschreibung des Vorstadtmilieus.

Adresse Mondstraße, 81543 München (Untergiesing) | **Anfahrt** U1/2, Haltestelle Kolumbusplatz | **Tipp** In der Sommerstraße 39 in Untergiesing gibt es immer noch den legendären »Brandner Kaspar«, inzwischen ein reines Mietlokal.

74 Die Moschee

Das Islamische Zentrum in Freimann

Dass das Islamische Zentrum München und die dazugehörige Moschee versteckt im Münchner Norden nahe dem Müllberg Fröttmaning liegen, ist kein Zufall. Man wollte keine Moschee in der Innenstadt und hatte der islamischen Gemeinde diesen unattraktiven Platz zugewiesen, der an Reiz eigentlich erst in den letzten Jahren gewonnen hat, nicht zuletzt durch den Bau der neuen Allianz-Arena. Aber auch heute noch ist das Islamische Zentrum der Mehrzahl der Münchner nur durchs Vorbeifahren ein Begriff, wenn das knapp 35 Meter hohe Minarett jenseits der Freisinger Landstraße, spitz und den meisten immer noch fremd, in den Himmel ragt. Die Münchner Nichtmuslime wissen nichts oder nur wenig über »ihre« einst von Libyen finanzierte Moschee und das Islamische Zentrum, das über Jahre als eine der Hochburgen des politischen Islams galt, heute aber eine ganz normale Moschee und Teil des Münchner Religions- und Kulturlebens ist.

1960 entschied die Stadt, für die vor allem nach dem Krieg nach München versprengten Muslime, die ihre Religion bis dahin nur in verschiedenen angemieteten Räumlichkeiten ausüben konnten, eine Moschee zu errichten. 1968 war Baubeginn, 1973 wurden Moschee und Islamisches Zentrum feierlich eröffnet. Der Komplex besteht aus zwei miteinander verbundenen Gebäuden, dem Minarett mit seiner 20 Meter hohen Wendeltreppe zum Balkon des Muezzin, der allerdings schon lange nicht mehr von hier oben die Gläubigen zum Gebet ruft, und dem 14 Meter hohen, nach Mekka ausgerichteten Gebetsraum für 350 Personen mit der ovalen Kuppel, die mit blauen Mosaiken besetzt ist. Hinzu kommen eine Bibliothek und ein Vortragsraum für religiöse und kulturelle Veranstaltungen. Längst hat sich das Islamische Zentrum den Münchnern geöffnet. Und das nicht nur zum jährlichen, Anfang Oktober stattfindenden Tag der offenen Tür. So wird das Freitagsgebet inzwischen auch aus dem Arabischen simultan ins Deutsche übersetzt.

Adresse Wallnerstraße 1–5, 80939 München (Freimann) | **Anfahrt** U6, Haltestelle Studentenstadt, dann mit Bus 180, Haltestelle Auensiedlung/Wallnerstraße (Moschee) | **Öffnungszeiten** Moschee-Führungen unter Tel. 089/325061 | **Tipp** Hinter dem Müllberg in Fröttmaning liegt unterhalb des Windrades die romanische Heilig-Kreuz-Kirche aus dem 12. Jahrhundert.

75 Der Mühldorfer Ur-Elefant

Im Paläontologischen Museum die Erdgeschichte erkunden

In der Maxvorstadt sind sie alle versammelt, aber wer hat sie wirklich gesehen? Da stehen der Münchner Ur-Vogel Archaeopteryx bavarica, der siebte dieser Art fossiler Vögel, oder der Compsognathus, der kleinste Dinosaurier Bayerns aus den Solnhofer Schichten, das einzige Skelett dieser Spezies überhaupt und 150 Millionen Jahre alt. Und aus jüngerer erdgeschichtlicher Epoche, aus der Eiszeit, das Mammut, der Riesenhirsch und der Säbelzahntiger. Oder der sie alle überragende, zehn Millionen Jahre alte Mühldorfer Ur-Elefant, das repräsentative Prunkstück dieser bereits Mitte des 18. Jahrhunderts gegründeten Sammlung, die allerdings im Zweiten Weltkrieg weitgehend zerstört wurde und erst danach durch Zukäufe wieder mühsam aufgebaut werden konnte.

Das zur Bayerischen Staatssammlung für Paläontologie und Geologie gehörende Museum führt den Besucher auf eine Zeitreise durch die frühesten Epochen der Erdgeschichte und ihre Lebewesen. Zu sehen gibt es im Erdgeschoss des Lichthofes Fossilien und Skelette von Tieren, die vor zig Millionen Jahren gelebt haben und schon lange ausgestorben sind. Großfossilien von Wirbeltieren, die deren Entwicklungsgeschichte dokumentieren, und die ersten pflanzenfressenden Ur-Reptilien aus der Zeit vor den Dinos. Zu sehen sind Flug- und Fischsaurier, Dinosaurier in Originalgröße und die riesigen Säugetiervertreter aus der Eiszeit. Im ersten Stock lässt sich die Evolution des Menschen nachvollziehen, thematische Ausstellungen gibt es zu den verschiedenen Evolutionsschritten der Lebewesen. Jährliche Sonderausstellungen zu aktuellen Themen der Paläontologie und Geobiologie ergänzen die Dauerausstellung. Die gemeinsam mit der Sektion Paläontologie der Universität betriebene Bibliothek umfasst rund 120.000 Werke. Der eindrucksvolle Museumsbau dicht am Königsplatz wurde um 1900 als Königlich-Bayerische Kunstgewerbeschule gebaut und ist seit 1960 unter anderem Standort des Mühldorfer Ur-Elefanten.

Adresse Richard-Wagner-Straße 10, 80333 München (Maxvorstadt), Tel. 089/21806630 | **Anfahrt** U2, Haltestelle Königsplatz; U1, Haltestelle Stiglmaierplatz | **Öffnungszeiten** Mo–Do 8–16 Uhr, Fr 8–14 Uhr, jeden 1. Sonntag im Monat 10–16 Uhr, dann Führungen um 11.30 und 14.30 Uhr | **Tipp** Sehenswert ist in unmittelbarer Nachbarschaft zum Museum der Erweiterungsbau des Lenbachhauses des britischen Architekten Norman Foster.

76 Die Museum Lichtspiele

Die lebenslange Rocky Horror Picture Show

»Während eines Unwetters finden Janet und Brad Schutz in einem unheimlichen Schloss. Herr dieses Gemäuers ist der außerirdische Transvestit und Wissenschaftler Dr. Frank N. Furter. Er und seine exzentrischen Freunde sind begeistert von dem seriösen Pärchen, und so präsentieren sie ihnen eine Horror-Show, die wohl niemand jemals vergessen wird.« So liest sich seit 30 Jahren das Intro eines Films, der in den Museum Lichtspielen zur Legende geworden ist.

An den Besucherzahlen der letzten Jahrzehnte gemessen, muss die Rocky Horror Picture Show jeder Münchner mindestens einmal gesehen haben. Viele aber waren Dutzende Male im Kino, einige im Laufe der Jahrzehnte 100 Mal und mehr. Nicht zuletzt durch diesen cineastischen Dauerbrenner wurden die Museum Lichtspiele zu *dem* Kultkino der Stadt. Die Spätvorstellungen sind legendär.

Die Museum Lichtspiele sind das zweitälteste Kino Münchens. Gegründet hat es 1910 der Kinopionier Carl Gabriel (1857–1931), der einige Jahre zuvor schon das Gabriel-Filmtheater in der Dachauer Straße ins Leben gerufen hatte. Er hatte das kleine vor sich hin dümpelnde Varieté-Theater in einem Bürgerhaus in der Lilienstraße unweit des Deutschen Museums übernommen und es zum Kino umbauen lassen. In den 1970er Jahren kamen weitere Räume hinzu, sodass das Kino heute vier kleine Säle besitzt. Kino 1, das ursprüngliche Kino der Museum Lichtspiele mit seinen 95 Plätzen, ist das größte im Ensemble. Aber vor allem Kino 2 hat mit seinen im Rokoko-Stil eingerichteten 68 knallroten Plüschsesseln Filmhistorie geschrieben und es ins Guinnessbuch der Rekorde geschafft. Denn seit mehr als drei Jahrzehnten läuft dort jeden Samstagabend in der Spätvorstellung die Rocky Horror Picture Show. Und das Publikum spielt mit, singt mit, erscheint teilweise verkleidet in den Originalkostümen des Musicals. Das gehört ebenso zur Atmosphäre wie vereinzelte Projektionsausfälle, wie optische Unschärfen und eine Luft zum Schneiden.

Adresse Lilienstraße 2, 81669 München (Au), Tel. 089/482403 | Anfahrt S1/2/3/4/6/7/8, Tram 18, Haltestelle Isartor; U1/2, Haltestelle Fraunhoferstraße; Tram 16, Haltestelle Deutsches Museum | Öffnungszeiten Foyer und Bar des Kinos sind jederzeit besuchbar, das Programm ist der Presse zu entnehmen. | Tipp Der Biergarten an der Muffathalle ist Münchens erste biozertifizierte Freiluftgastronomie.

77__Der Museumsladen

Im Stadtmuseum liegen Alt und Neu ganz dicht beisammen

Einige reden vom liebenswerten Sammelsurium, andere vom Klimbim-Laden. Eines steht fest: Mit dem Stadtmuseum als solchem hat der zum Museum gehörende Shop eigentlich recht wenig zu tun. Und dennoch ist er streckenweise originell münchnerisch, fast das Stadtmuseum ein wenig ironisierend, und schon deshalb lohnt ein Besuch. Der am Rand des Innenhofs des Stadtmuseums hinter dem gemütlichen Außengarten des Cafés gelegene Museumsladen besticht durch seine Zweiteilung. Einmal wartet er mit einer Dependance des Souvenirladens »servus.heimat« auf, ergänzt durch eine Bibliothek an München-Büchern, CDs und DVDs sowie diverse Museums-Devotionalien. Im Zentrum aber steht das schräge und modische Sortiment des »servus.heimat«-Programms mit erschwinglichen Souvenirs wie Bambis, Dackel-T-Shirts, Quietscheenten mit Trachtenhut, Minigeweihen, bunten Rehen, Schneekugeln, Kuckucksuhren und dem früheren bayerischen Ministerpräsidenten Edmund Stoiber als Hampelmann. Alles unter dem Motto: Was der Münchner so braucht.

In der anderen Hälfte des Ladens begegnet man dann dem genauen Gegenteil: dem original Dultstand im Stadtmuseum. Paul Eichinger, ein Münchner Unikum, der auch einen einschlägigen Stand auf der Auer Dult betreibt, scheint hier zwischen den Dulten sein Jahresquartier bezogen zu haben. Ein Antiquitätengeschäft der ganz besonderen Art, ein Eldorado an Tandlerware.

Das Stadtmuseum selbst beherbergt eine Dauerausstellung zur Stadtgeschichte auf verschiedenen Etagen, ergänzt durch Sonderausstellungen zu münchenspezifischen Themen. Die ständige Sammlung Fotografie wurde unverständlicherweise ins Depot verbannt, während jetzt die Sammlung Musik einen Besuch unbedingt lohnt. Über 1.000 Instrumente sind ausgestellt. Die neue Attraktion: Nach einem aufwendigen Umbau gibt es seit 2012 das Soundlab, in das sich der Betrachter interaktiv einbringen kann.

Adresse St.-Jakobs-Platz 1, 80331 München (Altstadt), Tel. 089/23702380 | Anfahrt U3/6, Haltestelle Marienplatz; Bus 152, Haltestelle St.-Jakobs-Platz | Öffnungszeiten Di–Sa 10–20 Uhr, So, feiertags 10–18 Uhr, Mo geschlossen, Stadtmuseum: Di–So 10–18 Uhr, Mo geschlossen | Tipp Lohnenswert ist ein Blick auf die Fragmente des kriegszerstörten Siegestores, die nicht wieder rückgebaut wurden und jetzt in einem riesigen Regal als Objekt hinter dem Stadtmuseum in der Nieserstraße am Sebastiansplatz liegen.

78 Die Nikolaikirche

Die Übersehene am Isarufer

In dieser Kirche ist man eigentlich immer allein. Und das, obwohl sie die meisten Münchner zu kennen glauben, weil man sie auf dem Weg zum Gasteig, durch die Innere Wiener oder die Rosenheimer Straße kommend, immer wieder passiert und aus dem Augenwinkel heraus wahrnimmt. Aber die meisten lassen St. Nikolai links liegen. Dabei handelt es sich bei der bereits 1204 errichteten Kirche, die seit 1315 zur Bogenhausener Pfarrei gehörte und heute eine der drei Kirchen der katholischen Pfarrei St. Johann Baptist in Haidhausen ist, um eine der schönstgelegenen Kirchen der ganzen Stadt. Bis 1860 freilich stand sie im Zentrum des Münchner Aussätzigenhauses, in das die Menschen aus der Stadt mit ansteckenden Krankheiten gebracht wurden. Heute thront die Kirche am Hochufer der Isar, ganz in Weiß mit einem roten Ziegeldach und einem Anbau der besonderen Art.

Denn St. Nikolai am Gasteig, wie sie auch genannt wird, die dem heiligen Bischof Nikolaus von Myra geweiht ist, dem Schutzpatron der Seefahrer und Handlungsreisenden, wartet mit einer Besonderheit auf, die allerdings erst Jahrhunderte später hinzugekommen ist. An die einschiffige Kirche wurde 1678 eine sogenannte Loretokapelle gebaut, leicht geduckt, hinter die Kirche gesetzt und ohne direkten Zugang zum eigentlichen Gotteshaus. 1820 wurde die Kapelle wegen Baufälligkeit abgebrochen und in leicht veränderter Form wieder aufgebaut und schließlich 1926, angelehnt an die berühmte Altöttinger Gnadenkapelle, mit einem Umgang versehen, in dem auf glasierten farbigen Keramiktafeln des Würzburger Künstlers Valentin Kraus die 14 Stationen des Kreuzwegs Jesu zu sehen sind.

St. Nikolai und Loretokapelle wurden im Dezember 1944 während verschiedener Bombenangriffe stark beschädigt, die Loretokapelle brannte völlig aus. Anfang der 1950er Jahre erfolgten der Wiederaufbau und die grundlegende Renovierung von St. Nikolai und der Kapelle, die beide im Besitz der Stadt München sind.

Adresse Innere Wiener Straße 1, 81667 München (Haidhausen) | **Anfahrt** S1/2/3/4/6/7/8, Haltestelle Rosenheimer Platz; U4/5, Haltestelle Max-Weber-Platz; Tram 16, Haltestelle Am Gasteig | **Öffnungszeiten** täglich 10–17.30 Uhr | **Tipp** Die Kirche steht in unmittelbarer Nähe zum Kulturzentrum Am Gasteig.

79_Das Öko-Bildungszentrum

Lernen, mit der Natur zu leben

Der Rundbau, von der Englschalkinger Straße im Münchner Osten gesehen versteckt gelegen und nur durch eine dichte Grünanlage zu erreichen, ist der nach streng ökologischen Gesichtspunkten errichtete räumliche Mittelpunkt des seit 2001 bestehenden Ökologischen Bildungszentrums München (ÖBZ). In diesem Gebäude laufen verschiedene Umweltaktivitäten der Stadt zusammen, hier liegen die Veranstaltungs- und Seminarräume, finden wechselnde Ausstellungen zu Umweltthemen statt. Zum ÖBZ, das seit 2001 durch die Münchner Volkshochschule und das Münchner Umweltzentrum betrieben wird und eines der wenigen großstädtischen Umweltbildungszentren in Deutschland ist, gehören weitflächige Außenanlagen in parkähnlicher Landschaft, die für Veranstaltungen und Aktionen aller Art genutzt werden. Dazu zählen ein Naturspielgelände, ein Tierbeobachtungshaus, Experimentier- und Demonstrationsgärten und der Garten der Nachwachsenden Rohstoffe. In die Projekte und die Nutzung der zum ÖBZ gehörenden Freiflächen werden möglichst die angrenzenden Bewohner einbezogen.

Das ÖBZ versteht sich als Vermittler ökologischen Bewusstseins und politischer Meinungsbildung und will auch bürgerschaftliches Engagement fördern. Das Programm und die Angebote zielen dabei vor allem auf großstädtische Belange ab, auf die zukunftsfähige Entwicklung der Stadt München. Da geht es um Mobilität, Energetik, die innerstädtische Natur, alternative Wohnmodelle und umweltfreundliche Baumaterialien, aber auch um Ernährung und Gesundheit. Das ÖBZ bietet Vorträge, Exkursionen und Workshops. In den eigenen Gärten wird Nachhaltigkeit praktisch erfahren durch die Pflege nachwachsender Rohstoffe, die an die Stelle fossiler Rohstoffe gesetzt werden. Das Ökologische Bildungszentrum wartet mit einem breit gefächerten Angebot für Kindergärten und Schulen auf, aber auch für Jugendliche und Familien.

Adresse Englschalkinger Straße 166, 81927 München (Bogenhausen), Tel. 089/93948960 | **Anfahrt** U4, Haltestelle Arabellapark; Bus 59/154/184/185/189, Haltestelle Cosimapark | **Öffnungszeiten** nach Vereinbarung, die Gärten und Freigelände sind jederzeit zu begehen | **Tipp** Sehenswert sind das Hypo-Hochhaus im Arabellapark und die Großskulptur Mae West am Effnerplatz.

80 Der Olympic Walk of Fame

Im Olympiapark ein Hauch von Sunset Boulevard

Unmittelbar am Ufer des Olympiasees verläuft der Olympic Walk of Fame. Angelehnt an den Walk of Fame Hollywoods wurde diese 2003 geborene Idee als weitere Attraktion des Olympiaparks in Szene gesetzt. Oder besser: in Beton. Auf einigen 100 Metern sind am Fuße des Olympiaturms über 50 Betonplatten in den Boden eingelassen, in denen sich zahlreiche Stars aus Sport und Showgeschäft verewigt haben. Die Bedingung: Sie müssen einen direkten Bezug zu den Olympiastätten haben, sei es durch spektakuläre sportliche Erfolge oder ausgefallene Konzerte im Stadion oder in der Olympiahalle. Vielfach geben Rock- und Popstars gerade die letzte Zugabe, da rückt das zuständige Team des Olympiaparks mit der Zementmischmaschine an. In 90 mal 90 Zentimeter große Platten, die nach der Aktion mit einem wetter- und trittfesten Speziallack überzogen werden, hinterlassen die Stars in flüssigem Zement ihre Handabdrücke, versehen mit dem Datum, ihren Signets und mitunter auch Abdrücken diverser Botschaften oder Utensilien, wie beispielsweise die Sonnenbrille Bon Jovis. Alle Aktionen werden in einer Fotolegende dokumentiert.

Die Liste der Verewigten ist allerdings relativ willkürlich und vor allem nicht vollständig, dennoch ist ein Gang entlang der Betonplatten recht kurzweilig. Begonnen hatte alles 2003 mit Howard Carpendale. Nationale Größen wie Udo Jürgens, Nena und Peter Maffay findet man, internationale Rocklegenden wie Carlos Santana, Lenny Kravitz oder Roger Waters. Aber auch die Kastelruther Spatzen und der Zauberer David Copperfield sind am See vertreten. Dazu Sportlegenden wie Franz Beckenbauer und Boris Becker und auch »Blacky« Fuchsberger, der 1972 während der Olympischen Spiele Stadionsprecher war, und die Fußballweltmeister von 1974. Und wer von so viel verewigter Prominenz noch nicht genug hat, dem sei noch ein Besuch des Rock Museum Munich auf dem knapp 290 Meter hohen Olympiaturm und damit höchsten Bauwerk Münchens empfohlen.

Adresse Spiridon-Louis-Ring 7, 80809 München (Milbertshofen) | **Anfahrt** U3, Haltestelle Olympiazentrum | **Öffnungszeiten** Olympiaturm und Rockmuseum Mo–So 9–24 Uhr, letzte Auffahrt 23.30 Uhr | **Tipp** Am Eingang des Olympiaparks gibt es das privat betriebene Großaquarium Sea Life München.

81 Der Omnibusbahnhof

Von hier aus starten jährlich 30.000 Busse

Fährt man mit dem Zug auf den Münchner Hauptbahnhof zu und unterquert die den Gleiskörper überspannende Hackerbrücke, tut sich linker Hand entlang der Gleisanlagen ein futuristisch anmutendes Bauwerk auf, das schon bei der Ankunft den Blick auf eine moderne Stadt schärfen soll. Da passiert man eine riesige, leicht gerundete durchlässige silberne Aluminiumhülle, die einem den Eindruck vermittelt, einen gigantischen ICE-Triebwerkskopf zu überholen. Und genau das hatte das Architektenbüro Auer und Weber im Sinn, als es seinen Entwurf für den Neuen Zentralen Omnibusbahnhof ZOB 2002 präsentierte und den Wettbewerb gewann. Den über mehrere Stockwerke reichenden Busbahnhof mit seinen verschiedenen Gebäudetrakten und Ebenen umschließt eine Metallkonstruktion, die aus Aluminiumrohren besteht, die auf Abstand zueinander gesetzt sind. Das erlaubt vom Inneren des Gebäudes einen guten Blick nach außen, hinterlässt aber beim Betrachten des Baus aus einer gewissen Entfernung den Eindruck einer verdichteten großflächigen Hülle.

Entwickelt wurde das Gesamtprojekt ZOB auf einem von der Stadt ausgewiesenen 17.000 Quadratmeter großen Grundstück nördlich des Gleisfeldes zum Hauptbahnhof vom Baukonzern Hochtief. Das Bauunternehmen, das in seiner ganzheitlichen Planung die Bereiche Reisen, Büros, Handel und Gastronomie unter einem Dach vereinen wollte, so wie man es auch an den internationalen Flughäfen findet, hat sich verpflichtet, über 25 Jahre für das Funktionieren des ZOB zu garantieren. Betrieben wird der zentrale Busbahnhof von einer Service-Abteilung des Bayerischen Roten Kreuzes, den Rot-Kreuz-Betrieben. Zentrum des ZOB sind die 29 Busterminals im Erdgeschoss für den internationalen Linien- und Touristenbusverkehr von und nach ganz Europa. Der Fahrplan liest sich so international wie der Flugplan auf einem Flughafen. Jährlich steuern rund 30.000 Busse mit über drei Millionen Fahrgästen den ZOB an.

Adresse Arnulfstraße 21 oder Hackerbrücke 4, 80335 München (Ludwigsvorstadt), Tel. 089/45209890 | Anfahrt S1/2/3/4/6/7/8, Haltestellen Hauptbahnhof und Hackerbrücke | Öffnungszeiten Geschäfte zwischen 9 und 20.30 Uhr | Tipp Die 1894 eingeweihte Hackerbrücke mit ihren sechs Stahlbogenträgern, nach Kriegszerstörungen 1953 rekonstruiert, führt im Vorfeld des Münchner Hauptbahnhofs über die Gleisanlagen und verbindet das Marsfeld (Maxvorstadt) mit dem Westend.

82 Der Palmengarten

Im Café Luitpold weht der Hauch der Gründerjahre

An die Glanzzeiten vergangener Tage kann das heutige »Café Luitpold« natürlich nicht heranreichen, aber Flair und Atmosphäre umgeben das vor einigen Jahren gänzlich neu gestaltete Café mit dem alten architektonischen Kern und dem Palmengarten auch heute noch. Als das »Café Luitpold« am 1. Januar 1888 seine Pforten öffnete und zur Sensation geriet, waren die Zeiten natürlich gänzlich andere. In den Metropolen Wien, Paris, Prag und Budapest gab es mondäne Kaffeehäuser, und jetzt hatte München, die Biermetropole, sein Palastcafé, eines der größten Kaffeehäuser Europas. Prächtig ausgestattete Säle und Gesellschaftsräume, bis zu neun Meter hoch, Säulen und kunstvoll gestaltete Gewölbe, allein ein Billardsaal mit 16 Tischen, dazu ein exquisites Restaurant und: das Café im Innenhof unter Palmen. Das nach dem Prinzregenten benannte »Café Luitpold« wurde zu einer ersten gesellschaftlichen Adresse. Hier spielten berühmte Tanzorchester, traf sich die Boheme. Frank Wedekind und Stefan George hielten Hof, die Redaktion des »Simplicissimus« tagte im Café, Wassily Kandinsky und Paul Klee sollen hier 1911 die Künstlergruppe »Der blaue Reiter« gegründet haben. Im Zweiten Weltkrieg zerstörten Bomben dieses europäische Spitzenetablissement.

Erst in den 1960er Jahren wurde das »Café Luitpold« revitalisiert, alles ein wenig kleiner und, wie der gesamte Wiederaufbau des Luitpoldblockes, in vereinfachter Form. Aber es zählte schnell wieder zu den ersten deutschen Kaffeehäusern, wurde in München zur angesagten Adresse in schicker Umgebung. An Charme hat das »Café Luitpold« nie verloren, auch nicht nach dem jüngsten Relaunch. Seit 2010 präsentiert sich das einstige Gründerzeitcafé mit seinem sprudelnden Springbrunnen im Palmeninnenhof modern, aber ohne die historische Linie zu verleugnen. Die lange Bar und die Confiserie mit eigener Produktion an einer 25 Meter langen »Schokoladenwand« sind neu.

Adresse Brienner Straße 11, 80333 München (Altstadt), Tel. 089/2428750 | Anfahrt U3/6, Haltestelle Odeonsplatz | Öffnungszeiten Mo 8–19 Uhr, Di–Sa 8–23 Uhr, So 9–19 Uhr | Tipp Die kleine Sammlung Café Luitpold sollte man sich ruhig einmal ansehen.

83 Das Pendel

Einmal die Drehung der Erde erleben

Am Fuße des Hauptturms des Deutschen Museums kann man der Rotation der Erde beiwohnen. An einem 60 Meter langen Stahlseil hängt über neun Stockwerke tief eine 30 Kilogramm schwere Bleikugel, die langsam hin und her pendelt. Und in bestimmten Abständen stößt die schwingende Kugel einen der auf einer weißen runden Fläche im Kreis aufgestellten Kegel um, ein wissenschaftliches Experiment, das auf die tägliche Drehung der Erde um ihre eigene Achse zurückzuführen ist.

In keinem Museum der Welt gibt es ein so langes Pendel und mit ihm die tägliche Demonstration der ständigen Erdrotation, ihre sinnliche Erfassung, verbunden mit einer tiefen meditativen Wirkung, von der das Publikum immer wieder aufs Neue fasziniert ist. Mit Öffnung des Museums wird jeden Morgen um 9 Uhr das Pendel per Hand in Bewegung gesetzt und schwingt dann frei. Man sieht, dass sich die Pendelebene dann langsam von der 9-Uhr-Marke wegbewegt. In München dreht sich die Pendelebene, gemessen an Pol und Äquator, pro Stunde um 11,15 Grad. Nachts wird das Pendel im Deutschen Museum angehalten.

Als der 1932 geborene italienische Philosoph und Schriftsteller Umberto Eco vor Jahren das Deutsche Museum besuchte und vor dem Pendel stand, war er von dem, was er sah, so begeistert, dass er den Entschluss fasste, einen Roman zu schreiben, der 1988 erschien: »Das Foucaultsche Pendel«. Denn der französische Arzt und Physiker Jean Bernard Léon Foucault (1819–1868) war es, der 1851 nach jahrelangen Experimenten im Pariser Panthéon erstmals einer breiten Öffentlichkeit seine Idee, die Rotation der Erde, die ja bereits bewiesen war, durch das Pendel optisch zu demonstrieren. Er präsentierte dem staunenden Publikum eine 28 Kilogramm schwere Metallkugel an einem 67 Meter langen Band. Während die Erde, bezogen auf den Fixsternhimmel, ihre Richtung veränderte und sich drehte, schwang das Pendel immer gleich.

Adresse Museumsinsel 1, 80538 München (Isarvorstadt), Tel. 089/21791 | Anfahrt S1/2/3/4/6/7/8, Tram 18, Haltestelle Isartor; U1/2, Haltestelle Fraunhoferstraße; Tram 16, Haltestelle Deutsches Museum | Öffnungszeiten täglich 9–17 Uhr | Tipp Zu empfehlen ist das Bergwerk des Deutschen Museums mit einem 700 Meter langen unterirdischen Rundgang sowie die beiden Sternwarten und das Planetarium.

84 Der Petuelpark

Der Bürgerentscheid, der Tunnel, die Kunst und das Grün

Unendliche Debatten hatte es gegeben um die geplante Untertunnelung des Mittleren Rings, offenen Streit der rivalisierenden Parteien und 1996 einen knappen Bürgerentscheid für das Projekt, zu dem auch das Teilstück zwischen Belgrad- und Leopoldstraße gehörte. Nach fünf Jahren Bauzeit wurde der Tunnel im Sommer 2002 eröffnet. Seither verschwinden täglich rund 120.000 Autos von Münchens wichtigster Ringstraße unter der Erde. Und oberirdisch wurde ein neuartiges gartenarchitektonisches Konzept umgesetzt. Es entstand auf dem Betondeckel des Tunnels ein linear verlaufendes grünes Band, 900 Meter lang und 60 Meter breit. Der Petuelpark war geboren und wurde 2004 der Öffentlichkeit übergeben. Das hatte einen ungewöhnlichen Nebeneffekt: Die bislang vom Mittleren Ring voneinander getrennten Stadtteile Schwabing und Milbertshofen begannen zusammenzuwachsen.

Mit dem 7,4 Hektar großen Petuelpark ist eine der ungewöhnlichsten Parklandschaften der Stadt entstanden, kein klassischer Park, sondern eine sich den verkehrsplanerischen Begebenheiten angepasste künstliche grüne Oase. Da die Tunnelröhre aus Kostengründen nicht vollständig versenkt werden konnte und knapp drei Meter aus der Erde ragte, wurde Boden aufgeschüttet, sodass der Park heute teilweise 3,50 Meter über dem normalen Niveau liegt und dadurch wie eine modellierte Landschaft erscheint. Neben den verschiedenen Grünflächen entlang des neu gestalteten, vom Olympiasee kommenden Nymphenburg-Biedersteiner Kanals mit kleinen neuen Brücken wurde vor allem das Projekt »Kunst-Raum« in den Petuelpark integriert – ein Skulpturenpark internationaler Künstler mit über einem Dutzend Installationen und Objekten. An zentraler Stelle des Parks steht am Fontänenplatz mit seinen Wasserspielen der viereckige, einem Kubus gleiche Glaspavillon mit Café sowie einer Dependance des Lenbachhauses, in der wechselnde Ausstellungen zu sehen sind.

Adresse Petuelring, 80804 München (Schwabing/Milbertshofen) | Anfahrt U2, Haltestelle Milbertshofen; U3, Haltestelle Petuelring | Tipp Unweit der jeweiligen Enden des Petueltunnels liegen die beiden Freibäder Georgenschwaige und Ungererbad.

85 Der Pferdemetzger

In der Stadt allein auf weiter Flur

Wer's mag! Beim Pferdefleisch scheiden sich die Geister. Das weiß auch Münchens inzwischen einziger verbliebener Pferdemetzger Kaspar Wörle. Kein Wunder, wenn man bedenkt, wie positiv das Pferd landläufig besetzt ist: als Freund des Menschen, als Kamerad und Reitpferd, das man lieber streichelt als es schlachtet, geschweige denn es auch noch verzehrt. So kann es nicht wundern, dass von den einst über 20 Münchner Pferdemetzgern nur noch die Pferdemetzgerei Wörle am Viktualienmarkt übrig geblieben ist, damit aber an Exklusivität gewonnen hat.

Nach seiner Meisterprüfung 1991 hatte Kaspar Wörle die Pferdemetzgerei am Viktualienmarkt übernommen. Und heute ist der Laden im festen Pavillon aus dem Marktgeschehen zwischen all den Fleisch- und Wurstspezialitätengeschäften, der Metzgerzeile am Petersbergl und den vielen Marktständen nicht mehr wegzudenken. Kaspar Wörle fühlt sich nicht als Außenseiter, aber ihm ist natürlich klar, dass die Fleischsorte »Pferd« umstritten ist, dass viele Marktbesucher die Nase rümpfen. Dennoch hat er viele Fürsprecher und eine treue Stammklientel. Denn Pferdefleisch ist schon lange nicht mehr das »Arme-Leute-Essen« von einst, als der Handel mit Pferden und auch die Schlachtung von Rössern eine Selbstverständlichkeit waren. Der Verzehr von Pferdefleisch war kein Tabu und der bis 1883 existierende Münchner Rossmarkt fester Bestandteil des Stadtbildes.

Kaspar Wörle betont immer wieder, dass in den Nachbarländern Frankreich und Belgien Pferdefleisch auch bei Feinschmeckern als Delikatesse gilt. Aber irgendwie kann er die Skepsis hierzulande auch verstehen. Dennoch fordert er mehr Mut zum Pferdefleisch und preist seinen Gulasch, die Filets, die luftgetrockneten und geräucherten Würste und sogar die Weißwürste. Die höchste Akzeptanz genießen Sauerbraten und Salami. Alle Waren sind mit dem Qualitäts- und Gütesiegel der eigenen Schlachtung im bayerischen Wiedenzhausen versehen.

Adresse Viktualienmarkt 3, 80331 München (Altstadt), Tel. 089/221242 | Anfahrt U3/6, Haltestelle Marienplatz | Öffnungszeiten Mo 9–17 Uhr, Di–Fr 8–18 Uhr, Sa 8–15 Uhr | Tipp In der nahen Heilig-Geist-Kirche begegnet man auf großen Gemälden dem Geist der Wissenschaft und dem Geist der Weisheit.

86 Der Prunkwagen

Die Kutschen und Schlitten des Märchenkönigs

In Luchino Viscontis opulent ausgestattetem Historienfilm »Ludwig II.« hat man den sagenumwobenen Bayernkönig, gespielt von Helmut Berger, in seiner goldenen Kutsche, von der Roseninsel kommend, gezogen von vier Schimmeln, nach Schloss Linderhof fahren oder ihn in dem mit weißen Schwänen geschmückten Prunkschlitten durch die verschneite Landschaft gleiten sehen. Mit ähnlichen Requisiten ist nahezu jedes Ludwig-Epos ausgestattet. Es symbolisiert die Extravaganz und teilweise weltferne Sicht des Herrschers. Der König ließ anspannen oder vorfahren, um der Hektik am Hofe zu entfliehen, und mit Vorliebe verschwand er in die Nacht. Was aber wie Klischee, Phantasterei und Übertreibung wirkt, hat einen realen Hintergrund. Denn Ludwig II. besaß diesen schrägen Fuhrpark. Vor allem seinen großen Prunkwagen sollte man gesehen haben.

Im Marstallmuseum, 1952 im Nymphenburger Schloss eröffnet, steht man staunend vor diesen Kutschen und kann kaum glauben, dass es die wirklich gegeben hat. Ursprünglich war der Fuhrpark der Wittelsbacher Herrscher in der Remise der Residenz stationiert, in den 1920er Jahren wurde die ehemalige Hofwagenburg der bayerischen Könige in der früheren Hofreitschule am Marstallplatz gezeigt, bis sie im Zweiten Weltkrieg vor den Bomben in Sicherheit gebracht und nach Nymphenburg ausgelagert wurde, wo sie schließlich geblieben und heute im Südflügel zu sehen ist.

Die Wagen, Kutschen und Schlitten des 18. und 19. Jahrhunderts zählen zu den bedeutendsten Stücken ihrer Art in Europa, vergleichbar nur mit den Exponaten der ehemaligen Hofreitschule in Lissabon oder der Wiener Wagenburg in Schloss Schönbrunn. Aber deren Kutschen kommen nur schwer heran an die Prunkkutsche Ludwigs II. Mehr aufgefrachtetes Brimborium hält ein Galawagen auf vier Rädern nicht aus. Neben den Krönungskutschen sind kunstvolle Geschirre und seltene Sättel und eine Porträtserie der sogenannten königlichen Leibreitpferde seiner Majestät zu sehen.

Adresse Schloss Nymphenburg, 80638 München (Nymphenburg), Tel. 089/179080 | **Anfahrt** Tram 17, Haltestelle Schloss Nymphenburg; Tram 12/16, Haltestelle Romanplatz | **Öffnungszeiten** April–Mitte Okt. täglich 9–18 Uhr; Mitte Okt.–März täglich 10–16 Uhr | **Tipp** Unbedingt lohnenswert ist die dem Museum angeschlossene Sammlung »Nymphenburger Porzellan«.

87_Das Radspielerhaus

Ein idyllischer Garten inmitten der Stadt

Joseph Radspieler (1819–1904) war von Beruf Vergolder. Und als er schließlich zum Königlich Bayerischen Hoflieferanten für Raumausstattung und -gestaltung aufstieg, gehörten zu seinen exklusivsten Kunden die bayerischen Könige Ludwig I. und Ludwig II. höchstpersönlich. Basis dieser Erfolgsstory und seiner exquisiten Geschäfte war sein »Vergolderwarengeschäft« und die dazugehörige Werkstatt »F. Radspieler Comp. Nachf.«. Die hatte der gelernte Vergolder, der später auch an der Ausstattung der Münchner Asamkirche beteiligt war und sich zunehmend im konservativen Parteienspektrum politisch engagierte, in dem von ihm 1848 erworbenen repräsentativen Adelspalast im alten Hackenviertel eingerichtet, im einstigen Palais Rechberg, wo er und seine Familie auch wohnten.

Das alte Palais Rechberg der Herzöge von Rechberg wurde 1678 in barockem Stil erbaut und in den folgenden Jahrzehnten immer wieder erweitert. 1817 ließ es der hier wohnende Jean Baptiste Métivier erheblich umgestalten und mit einer klassizistischen Fassade versehen. 1827/28 hatte Heinrich Heine während seines München-Aufenthaltes hier gewohnt. Eine Gedenktafel erinnert daran.

Zu einer der Kostbarkeiten des Radspielerhauses zählt der versteckte, für Palais dieser Art damals durchaus typische repräsentative Innenstadtgarten. Mit seinen leicht verwilderten Rasenflächen, den bewachsenen Bäumen, dem Brunnen von Roman Anton Boos (1733–1810) aus dem 18. Jahrhundert, der in der Nachbarschaft wohnte, sowie einigen Säulenbrunnen dieser Zeit ist der Garten bis heute eine Oase und eine verwunschene Sehenswürdigkeit der Innenstadt. Versteckt, aber besuchbar ist der Garten durch das gleichnamige Geschäft »Radspieler« im Erdgeschoss, das, ebenso wie das überwiegend zu Büros umfunktionierte gesamte Anwesen, in dem einmal 25 Mietparteien wohnten, heute den Nachfolgern Joseph Radspielers in der fünften Generation gehört.

Adresse Hackenstraße 7, 80331 München (Altstadt) | **Anfahrt** U3/6, Haltestelle Marienplatz, U2/3, Haltestelle Sendlinger Tor | **Öffnungszeiten** Mo–Fr 10–19 Uhr, Sa 10–18 Uhr | **Tipp** Es empfiehlt sich ein Spaziergang durch die nahe Damenstiftstraße mit der Damenstiftskirche St. Anna und dem Palais Lerchenfeld. Vielleicht auch ein Blick auf den »Schlafenden Mann« im Asam-Hof und ein Besuch der Asam-Kirche in der Sendlinger Straße.

88_Die Ramersdorfer Kirche

Die Wallfahrtskirche am Mittleren Ring

So eingezwängt die katholische Pfarr- und Wallfahrtskirche St. Maria Ramersdorf zwischen Mittlerem Ring und dem Autobahnzubringer München–Salzburg auch liegen mag, so geborgen ist dieses kulturhistorische Kleinod hinter seiner schützenden Kirchenmauer im immer noch irgendwie ländlich wirkenden Ortskern von Ramersdorf. Und zu diesem Ortsensemble zählen in direkter Nachbarschaft zur Kirche noch das spätgotische Mesnerhaus mit einem Durchgang zum Kirchhof und das ehemalige kurfürstliche Jagdhaus aus dem 18. Jahrhundert. Der Kirchhof selbst besticht durch den 2007 hinter der Mauer angelegten und versteckten Mariengarten mit seinen üppigen Blumen und Rosenstöcken, die dem Besucher die heilige Maria sinnlich ganz nahebringen sollen, schon bevor er die Wallfahrtskirche betritt.

Eine erste Kirche in Ramersdorf hatte es, so zeigen es die Urkunden, bereits im 11. Jahrhundert gegeben. Erste Marienwallfahrten fanden zu Beginn des 14. Jahrhunderts statt. So ist St. Maria Ramersdorf die älteste Marienwallfahrtskirche Münchens und neben der in Altötting wahrscheinlich auch die älteste Bayerns. Im 15. Jahrhundert wurde anstelle der romanischen Vorgängerkirche die neue heutige Kirche gebaut, ausgestattet mit kunstgeschichtlich bedeutenden Werken. Dazu zählen der Kreuzaltar des Bildschnitzers Erasmus Grasser (1450–1518) und verschiedene Gemälde an den Altarflügeln von Jan Pollack (1435–1519), ein wertvoller in Gold gefasster Kreuzpartikel sowie das markante Gnadenbild der Muttergottes am Hochaltar von Constantin Pader (1605–1681). Im 17. Jahrhundert wurde die gotische St. Maria Ramersdorf barockisiert. Der Turm in seiner heutigen Form mit der Zwiebelspitze entstand im 18. Jahrhundert. Während der Säkularisation ab 1803 wurden ein Teil der Kapellen entlang des Wallfahrtsweges nach Ramersdorf und zahlreiche Votivtafeln zerstört. Ihren Charakter als Wallfahrtskirche aber hat sich St. Maria Ramersdorf immer erhalten.

Adresse Aribonenstraße 9, 81669 München (Ramersdorf), Tel. 089/600876740 | Anfahrt U2, Haltestelle Karl-Preis-Platz; Bus 96 (vom Ostbahnhof), Haltestelle Ramersdorf | Öffnungszeiten täglich 7.30–18.30 Uhr; Pfarrbüro in der Ramersdorfer Straße 6: Mo, Mi, Fr 8.30–12 Uhr, Do 15–18 Uhr | Tipp Im nahen historischen »Alten Wirt« lässt sich innen und im Biergarten gut einkehren.

89 Die Reaktorhalle

Überraschendes und Fensterloses in der TU

Was waren das für Zeiten. Um in der damals als technisches Nonplusultra gefeierten Atomforschung ganz vorn mit dabei zu sein, bauten die Technische Universität und der Freistaat Bayern mitten in der Stadt eine atomare Reaktorhalle. München sollte in dieser Technologie deutschlandweit führend werden. In der Luisenstraße, Ecke Gabelsbergerstraße, in unmittelbarer Nachbarschaft zur Technischen Universität, entstand durch die Architekten Franz Hart und Josef Wiedemann in enger Abstimmung mit der Physikerkoryphäe Heinz Maier-Leibnitz eine 28 Meter lange, 15 Meter breite und 15 Meter hohe nüchterne Betonhalle. In diesen Betonmantel sollte ein Forschungsreaktor installiert werden, der aber schließlich in Garching realisiert und durch das weithin sichtbare »Atom-Ei« symbolisiert wurde. Die Idee eines Innenstadtreaktors wurde schließlich aus Sicherheitsgründen fallen gelassen. Stattdessen zogen in diese fensterlose, mit einer 70 Zentimeter dicken Dampfbetonschicht ummantelte Reaktorhalle, in die bereits die Protonenbeschleuniger installiert worden waren und die in den 1950er Jahren als strahlungssicher und technisch up to date galt, verschiedene Institute der Technischen Universität, so die Technische Physik und später der Maschinenbau.

1999 kam es wahrscheinlich zur sinnvollsten Verwendung dieses absurden Baus mitten in der Maxvorstadt. Die alte Reaktorhalle wurde von der am Königsplatz beheimateten Hochschule für Theater und Musik übernommen, anfänglich als Proben- und Aufführungsraum. 2008 schließlich wurde die Reaktorhalle aufwendig in ein modernes multifunktionales Theater mit einer Zuschauertribüne für 200 Besucher umgebaut. Neben der Hochschule für Musik und Theater wird die exklusive Studiobühne mit ihrer hochmodernen Technik von der Bayerischen Theaterakademie und der Bayerischen Staatsoper genutzt, für Opern- und Schauspielaufführungen und experimentelle Musik.

Adresse Luisenstraße 37a, 80333 München (Maxvorstadt), Tel. 089/21852899 | Anfahrt U2, Haltestelle Königsplatz oder Theresienstraße; Tram 27, Haltestelle Karolinenplatz | Öffnungszeiten von außen immer zu erkunden, innen entsprechend den Öffnungszeiten bei Veranstaltungen | Tipp Vor der Technischen Universität in der Theresienstraße gibt es ein beeindruckendes Denkmal für den Physiker Georg Simon Ohm (1789–1854).

90 Der Rosengarten

Ein Blumenmeer, wo es niemand vermutet

Hobbygärtnern, Rosenzüchtern und Botanikern dürfte der Rosengarten am Isarufer gleich hinter dem Schyrenbad in Untergiesing ein Begriff sein. Den meisten Münchnern eher nicht. Dabei ist dieser rund 5.000 Quadratmeter große Garten für die Öffentlichkeit zugänglich, zu geregelten Öffnungszeiten. Hat man das kleine schmiedeeiserne Tor zur Isar hin passiert, gelangt man in eine Oase der Ruhe und Entspannung, der Farben und Gerüche. Man ist erstaunt, wie wenig Menschen sich hierher verirren, während in den nahen Isarauen die Sonnenanbeter Handtuch an Handtuch liegen. Allerdings: Der Rosengarten ist kein gewöhnlicher Münchner Park.

Jahrzehntelang erprobten hier die versierten Münchner Stadtgärtner immer wieder aufs Neue, welche Rosen sich zur Stadtbepflanzung eignen, widerstandsfähig im urbanen Treiben sind. Schließlich wurde der Garten in der Regie des Baureferats und der Stadtgartendirektion erweitert zu einer Art Rosenschule, die auch allen Hobbygärtnern zugänglich ist. Hier können Rosen- und Blumenfreunde, gut und detailgenau dokumentiert, die Entwicklung verschiedener Rosenarten und die Züchtung besonderer Farbformationen und Duftkomponenten verfolgen. Im Juni und Juli blühen über 8.500 Rosen – das muss man gesehen und genossen haben.

Der Rosengarten ist Teil der 1901 in den Isaranlagen vom damaligen Stadtgartendirektor Jakob Heiler gegründeten städtischen Baumschule Bischweiler, benannt nach der früher dort verlaufenden Bischweilerstraße, wo Pflanzen und Zierbäume für die städtischen Gartenanlagen kultiviert werden.

Neben der auf Zier- und Klettergehölze spezialisierten Baumschule und dem Rosengarten gibt es weitere Themengärten wie den Fliedergarten, den Duftgarten für die Sinne, den Giftpflanzengarten, einen mit Schautafeln versehenen Lehrgarten teilweise hochgiftiger Pflanzen, und einen Tastgarten für Blinde mit Tafeln in Blindenschrift.

Adresse Baumschule Bischweiler, Sachsenstraße 2, 81543 München (Untergiesing), Tel. 089/62171442 | Anfahrt U1/2, Haltestelle Kolumbusplatz; Bus 58, Haltestelle Claude-Lorrain-Straße | Öffnungszeiten April–Sept. Mo–Fr 7–21 Uhr, Sa, So, feiertags 9–21 Uhr; Okt.-März Mo–Fr 7–18 Uhr, Sa, So, feiertags 9–18 Uhr | Tipp Das nahe Schyrenbad gehört zu Münchens beliebtesten Freibädern. An der Wittelsbacher Brücke stößt man auf Münchens angeblich ältesten Kiosk.

91 Das Rumfordhaus

Vom Offizierskasino zur Kindertagesstätte

Nördlich des Chinesischen Turms passiert man inmitten des Gartens einen mächtigen gelb-weißen Rechteckbau mit einem giebelartigen Vordach, getragen von sechs Säulen. Dieser 1791 nach einem Entwurf von Johann Baptist Lechner (1758–1809) errichtete Bau geht auf den Reichsgrafen Benjamin Rumford (1753–1814) zurück, dem entscheidenden Initiator des Englischen Gartens. Ihm wurde 1795, also noch zu seinen Lebzeiten, im südlichen Teil des Parks ein mächtiges Denkmal gesetzt – »gewidmet von seinen Freunden«. Die eigentliche Petitesse: Der Gründer des Englischen Gartens war der 1753 in Massachusetts geborene Amerikaner Benjamin Thompson, der 1792 durch Kurfürst Carl Theodor mit dem Titel »Graf von Rumford« in den Reichsgrafenstand erhoben wurde. So wundert es nicht, dass der Stil des Rumfordhauses an die englisch geprägte Architektur der amerikanischen Ostküste erinnert. Benjamin Thompson war es, der Kurfürst Carl Theodor dazu ermunterte, in München einen Militärgarten anzulegen, der auch für die Allgemeinheit zugänglich sein sollte. 1789 verfügte Carl Theodor, auch die den Militärgarten angrenzenden Gebiete in einen Volksgarten umzuwandeln, und schuf so die erste Anlage dieser Art in Europa. Die Oberaufsicht hatte Benjamin Thompson, inzwischen Staatsrat und Kriegsminister. 1792, ein Jahr nach dem Bau des Rumfordhauses, wurde der Park im englischen Landschaftsstil für die damals rund 40.000 Münchner Bürger geöffnet.

Das Gebäude, das eigentlich als Offizierskasino angelegt war, war immer nur militärischen und höfischen Personen vorbehalten, die sich in seinem verspiegelten Saal, der den größten Teil des Hauses ausmacht, zu ausgiebigen Essen trafen. Bis zu 150 Personen konnten im Rumfordsaal, dem mehrere Küchen angegliedert waren, dinieren. Das ramponierte und verkommene Rumfordhaus wurde nach dem Zweiten Weltkrieg grundlegend renoviert. Heute ist im Rumfordsaal eine städtische Kindertagesstätte untergebracht.

Adresse Englischer Garten 5, 80538 München (Schwabing), Tel. 089/341197 | **Anfahrt** U3/6, Haltestelle Giselastraße; Bus 54/154, Haltestelle Chinesischer Turm | **Öffnungszeiten** keine festen | **Tipp** Von hier sind es nur wenige Meter zum Chinesischen Turm, einem der schönsten Biergärten der Stadt.

92 Die Salvatorgarage

Parken hinterm Jungfernturm

Eine Parkgarage ist normalerweise eigentlich keiner Erwähnung wert und hat in Innenstädten meist den Stellenwert einer wohl oder übel notwendigen Bausünde. Mit der Salvatorgarage in der Münchner City verhält es sich anders. Das bereits 1965 vom Architekten Franz Hart erbaute Parkhaus mit integriertem Bürotrakt, das direkt an die Reste der mittelalterlichen Stadtmauer und an Teile des Jungfernturms von 1439 angrenzt, stand schon lange als komplettes Gebäudeensemble unter Denkmalschutz. Denn Hart hatte die alte Stadtmauer optisch und bei der Wahl seiner Materialien in die aus Backstein gebaute Garage integriert. 2005 sollte das zu klein gewordene Parkhaus um zweieinhalb Stockwerke erhöht werden. Der Münchner Architekt Peter Haimerl gewann die Ausschreibung zur Gestaltung der Fassade. Seine Idee: eine Konstruktion aus verzinktem Stahl, durcheinandergewirbelt wie losgelassene Mikadostäbe. Seit 2006 umwickelt die silberne Fassade wie ein Band die aufgestockten Etagen und setzt dem Parkhaus mit seinen 460 Stellplätzen auf nunmehr neun Ebenen eine Krone auf.

Das Muster der Stahlfassade ist ein Produkt des Zufalls. Das Geflecht besteht aus 15.000 exakt eineinhalb Meter langen Stäben, die vom Umfang den schmalen Ziegelsteinen des Parkhauses entsprechen und die dann, analog zur Backsteinfassade, computergeneriert entwickelt und geschnitten wurden. So werden die aufgestockten Parkdecks von Ornamenten und einem netzartigen Geflecht umfasst, die sie transparent erscheinen lassen. Der Blick vom obersten Parkdeck dieses »Gartens für Autos«, vor allem bei Dunkelheit, ist allein die Einfahrt wert. Und da sollte man sich auch nicht von der historischen Sage um den alten Jungfernturm Bange machen lassen. In ihm soll nämlich die »Eiserne Jungfrau« gestanden haben, eine berüchtigte Folter- und Todesbank. Der zum Tode verurteile Delinquent wurde gezwungen, die Jungfrau zu küssen. Im Moment des Kusses öffnete sich unter ihm der Boden, und er stürzte in die Tiefe.

Adresse Salvatorplatz 3, 80331 München (Altstadt) | Anfahrt U3/4/5/6, Haltestelle Odeonsplatz | Öffnungszeiten täglich 24 Stunden | Tipp Direkt um die Ecke befinden sich das Literaturhaus München mit der Brasserie »OskarMaria« und die griechisch orthodoxe Salvatorkirche.

93 Die Sammlung Goetz

In Oberföhring trifft man auf die Avantgarde

Die Kunststadt München gehört zur europäischen Spitze. Die Qualität des Gezeigten in den städtischen und staatlichen Museen und Galerien ist erstklassig. Wenn es überhaupt Schwachstellen gibt, dann im Bereich zeitgenössischer Kunst. Umso erfreulicher, dass es eine private Sammlung weitab vom üblichen Mainstream gibt, die es in diesem Segment zu hohem Renommee gebracht hat, die aber außerhalb der etablierten Kunstszene eher unbekannt sein dürfte: die Sammlung Goetz in Oberföhring.

Die Kunstsammlerin Ingvild Goetz, Tochter und Millionenerbin des Versandhausgründers Werner Otto, hatte 1993 das damals noch recht unbekannte Schweizer Architekturbüro Herzog & de Meuron, das später die Münchner Allianz Arena und das Olympiastadion von Peking baute, beauftragt, einen Kunstbau auf ihr weitläufiges Oberföhringer Grundstück zu stellen. Und die beiden Stararchitekten landeten mit dem quaderförmigen Kunstpavillon aus Holz, Glas und Aluminium einen Coup, zeitlos in der Anmutung, modern, aber keinem Trend gehorchend. Die Vorgaben für den Bau stammten von Ingvild Goetz persönlich. Sie wünschte sich luftige Räumlichkeiten, die ihre ausgestellte Kunst nicht dominierten, sondern repräsentierten. Finanziert hatte die Sammlerin, die von 1972 bis 1983 in München die Galerie »Art in Progress« besaß, ihr Projekt durch den Verkauf wertvoller Kunst aus ihren eigenen Beständen.

Die Sammlung Goetz ist heute mit rund 5.000 Kunstwerken eine der größten Privatsammlungen zeitgenössischer Kunst in Deutschland. Zu sehen sind wechselnde Ausstellungen aus der Sammlung in einer zeitlichen Bandbreite von 1960 bis heute, Zeichnungen, Grafiken, Gemälde, raumbezogene Installationen. 2004 wurde das Museumsgebäude um einen Bereich für Medienkunst – Video- und künstlerische Filmarbeiten – erweitert. Zweimal jährlich gibt es über die eigene Sammlung hinaus aber auch Präsentationen junger zeitgenössischer Künstler.

Adresse Oberföhringer Straße 103, 81925 München (Bogenhausen), Tel. 089/95939690 | **Anfahrt** U4, Haltestelle Richard-Strauss-Straße; Tram 17/18, Bus 54, Haltestelle Herkomerplatz, dann Bus 188, Haltestelle Bürgerpark Oberföhring | **Öffnungszeiten** Do, Fr 14–18 Uhr, Sa 11–16 Uhr (nach tel. Anmeldung) | **Tipp** Nach der Kunst macht der Besuch des Biergartens und Wirtshauses »St. Emmeramsmühle« am Ende der Oberföhringer Straße nahe der Isar richtig Spaß.

94 Das Schloss Fürstenried

Vom Lust- und Jagdschloss zum Exerzitienhaus

Innen hat das Schloss an Glanz verloren, seit es häufig umgebaut und seinem eigentlichen Anliegen durch die neuen Besitzer und deren inhaltliche Arbeit zweckentfremdet wurde. Heute ist das Schloss das Exerzitienhaus und eine Tagungsstätte der Erzdiözese München und Freising. Umso mehr aber lohnt sich ein Besuch des Schlosses Fürstenried von außen, zumal es malerisch liegt und an alter Pracht nur unwesentlich eingebüßt hat.

Vom raschen Vorbeifahren kennt das Schloss Fürstenried wahrscheinlich jeder Münchner, vielfach ohne genau zu wissen, um was es sich da handelt. Denn man begegnet ihm immer für Bruchteile von Sekunden auf dem Weg zur Autobahn A 95 nach Garmisch. Um es aber zu erreichen, muss man schon einen etwas komplizierten Weg parallel zur Autobahn zurücklegen. Ursprünglich führte vom Schloss aus ein knapp ein Kilometer langer Kanal Richtung München und mündete in eine gradlinige Allee mit dem verlängerten Blick auf die acht Kilometer entfernte Frauenkirche. An dieser Stelle liegt heute die Autobahn. Ein wenig von der einstigen Anmutung hat man noch, wenn man heute die Forst-Kasten-Allee zum Schloss fährt.

Kurfürst Maximilian Emanuel hatte das Schloss zwischen 1715 und 1717 von seinem Baumeister Joseph Effner als Jagd- und Lustschloss für große Jagdveranstaltungen und höfische Feste da bauen lassen, wo zuvor schon ein Jagdhaus stand. Aber irgendwie wurde das Schloss von Anbeginn an zu einer Art Aushilfsquartier. 1727 schenkte es Max Emanuel der Kurfürstin Maria Amalia von Österreich, der Frau seines Sohnes Kurfürst Karl Albrecht, dann bewohnte es jahrzehntelang die Witwe Maximilians III., die Kurfürstin Maria Anna Sophia von Sachsen. Zu Berühmtheit gelangte das Schloss, als hier von 1883 bis 1916 der geistig kranke Prinz Otto einzog, der wenig später König Otto I. von Bayern wurde. 1925 ging Schloss Fürstenried schließlich in den Besitz der katholischen Kirche über.

Adresse Forst-Kasten-Allee 103, 81475 München (Fürstenried), Tel. 089/74508290 | **Anfahrt** U3, Haltestelle Fürstenried West; Bus 56, Haltestelle Bellinzonastraße; Bus 166, Haltestelle Tischlerstraße | **Öffnungszeiten** außen jederzeit zu besichtigen, innen auf Anfrage an der Pforte | **Tipp** Im nahen Forstenrieder Park stößt man mit ein bisschen Glück auf Wildschweine. Ganz in der Nähe des Schlosses findet man den italienischen Militärfriedhof mit Tausenden Kriegsgräbern.

95_Die Schuttblume

Das Blütenmotiv als Friedenssymbol

Am Schuttberg des Olympiaparks steht eine der ungewöhnlichsten Plastiken Münchens, erschaffen von einem Künstler mit einer durch die historischen Ereignisse geprägten wechselvollen Biografie. 6,45 Meter hoch ragt die vom Bildhauer Rudolf Belling (1886–1972) modellierte Bronzeplastik »Schuttblume«, die sich als Friedensdenkmal versteht und anlässlich der Olympischen Spiele 1972 installiert wurde, allerdings nicht, wie ursprünglich gedacht, auf dem Gipfel des Hügels, sondern tiefer gelegen und dadurch nur begrenzt sichtbar. So konnte die abstrakte bronzene Blüte mit den ausladenden, spiralförmig zum Kelch gedrehten Blättern nie zu der weithin erkennbaren Blüte werden, als die sie gedacht war. Die Architekten der olympischen Sportstätten hatten das verhindert. Sie sahen in dem Blütenmotiv und Friedenssymbol auf der Spitze des Schuttberges, dieses aus den Kriegstrümmern Münchens nach dem Zweiten Weltkrieg aufgeschütteten Hügels, eine allzu große optische Konkurrenz für die alles überragende Zeltdachsilhouette und verhinderten dessen Installation.

Rudolf Belling selbst hat die Errichtung der »Schuttblume«, seine letzte Großinstallation, nicht mehr erlebt. Er starb kurz zuvor nach einem bewegten Leben. Und in diesem gab es eine ungewöhnliche Kapriole. Rudolf Belling galt den Nationalsozialisten 1933 als »entarteter« Künstler, der die Akademie der Künste verlassen musste und schließlich 1935 in die USA ging. Nachdem er noch einmal für ein Jahr nach Deutschland zurückkam, wurden seine Werke auch in den großen Nazi-Kunst-Shows gezeigt. 1937 kehrte Belling Nazi-Deutschland dann endgültig den Rücken und wanderte in die Türkei aus, wo er bis in die 1960er Jahre lebte. So dürfte Rudolf Belling der wahrscheinlich einzige deutsche Künstler gewesen sein, dessen Werk sowohl in der Ausstellung »Entartete Kunst« als auch in der von den Nazis initiierten Großen Kunstausstellung von 1937 gezeigt wurde.

Adresse Olympiapark, Martin-Luther-King-Weg, 80809 München (Milbertshofen) | **Anfahrt** U3, Haltestelle Olympiazentrum oder Petuelring | **Tipp** Man sollte sich beim ehemaligen Olympia-Radstadion die mit den Händen auf einer Erdkugel stehende und die Beine in den Himmel streckende Großskulptur »Olympia Triumphans« des Bildhauers Martin Mayer ansehen.

96 Der Showroom

Die Lampen des Ingo Maurer genießen Weltgeltung

Die U-Bahn-Station Münchner Freiheit ist nicht wiederzuerkennen und zu einem Paradebeispiel für die gelungene Sanierung in die Jahre gekommener Bauten geworden. Gerade diese, im Gründungsjahr der Münchner U-Bahn 1971 eröffnete Schlüsselstation (Linien U3 und 6), hatte über die Jahrzehnte Patina angesetzt, was eine grundlegende Sanierung zwingend notwendig machte. Dabei herausgekommen ist eine moderne und zeitlos erscheinende Station. Der geschickte Einsatz von Licht und Farbe sowie die sich metallisch spiegelnde Decke vermitteln das Gefühl von Offenheit, Weite und Wohlbefinden und – so die Psychologen – entsprechen auch dem gesteigerten Sicherheitsbedürfnis der Fahrgäste. Der 2009 umfassend sanierte und fertiggestellte U-Bahnhof trägt, wie auch schon die beiden Stationen Westfriedhof (Linie U1) und Moosfeld (Linie U2), die Handschrift des Schwabinger Lichtdesigners Ingo Maurer. Er hat die zu den Olympischen Spielen 1972 28 bläulich gekachelten, tragenden Säulen, die damals der letzte Schrei waren, mit einer indirekten tiefblauen LED-Beleuchtung illuminiert. Die bisher grauen Wände wurden mit gelben Lamellen versehen, die Decke mit 1.900 Edelstahl-Blechen bestückt, die die gesamte Bahnsteigebene effektvoll spiegeln. Beleuchtet wird die Station von etwa 100 quadratischen, über die Decke verteilten Lichtkassetten.

Im seit 2009 bestehenden Showroom des Ingo Maurer, der eine entsprechende Dependance seit über einem Jahrzehnt auch in New York betreibt, kann man einen Blick auf das gesamte Schaffen des Lichtdesigners werfen, der seit vier Jahrzehnten in seiner Münchner Factory die ausgefallensten Leuchtkörper kreiert. Über 100 Einzelstücke und Prototypen sind in der weiträumigen ehemaligen »Lampenschmiede« zu sehen. Mehr als ein Dutzend Designer, Architekten und Künstler setzen die Ideen und Entwürfe des 1932 geborenen weltbekannten Lichtdesigners um, dessen Kreationen in den bedeutendsten Museen der Welt zu sehen sind.

Adresse Kaiserstraße 47, 80801 München (Schwabing), Tel. 089/38160691 | Anfahrt U3/6, Haltestelle Münchner Freiheit; U2, Haltestelle Hohenzollernplatz; Tram 12/27, Haltestelle Kurfürstenplatz | Öffnungszeiten Di–Fr 11–19 Uhr, Sa 11–16 Uhr und nach Vereinbarung | Tipp Die Eisdiele »Gelato Bartu« des gleichnamigen Schuhherstellers in der Wilhelmstraße, Ecke Kaiserstraße macht vorzügliches Eis.

97_Das Sigi-Sommer-Denkmal

Spaziergänger mit festem Standort

Wer das Vergnügen hatte, Sigi Sommer zu begegnen, vergisst diese Zusammentreffen zeitlebens nicht mehr. Das lag einmal an der Prominenz dieses ungewöhnlichen Zeitgenossen, zum anderen aber auch an seiner imposanten Erscheinung. Wie er, lang und hager, stets braun gebrannt, mit seinem Blouson mit Reißverschluss und seinen zeitlosen Turnschuhen, durch die Straßen Münchens zog, schnellen Schritts und leicht nach vorne gebückt, stets in alle Richtungen freundlich grüßend. Irgendwie war Sigi Sommer immer eine lebende Legende. Jetzt steht sein Bronzedenkmal am Roseneck, wenige Schritte entfernt von der Sendlinger Straße, wo jahrzehntelang seine Redaktionen beheimatet waren, erst die der Süddeutschen Zeitung und dann die der Münchner Abendzeitung. In ihnen hat er Tausende Male seine Eindrücke zu Papier gebracht, kritisch beobachtend, mitunter granteInd, aber immer liebevoll, vielfach mit einem Schuss Ironie, oft philosophierend und stets mit viel Humor. 3.500-mal hat er, der 1914 in München geboren wurde, bis 1987 seine »Blasius, der Spaziergänger«-Kolumne in der AZ geschrieben, vierzig lange Jahre.

Und ähnlich hat er Sommer für Sommer Hof gehalten unter den schattigen Kastanien im Augustiner-Biergarten in der Arnulfstraße. Täglich gegen 18 Uhr nahm er seinen Stammplatz am runden Tisch jenseits der Schänke ein, kam der Spaziergänger zu Ruhe, umgab sich mit seinen Spezln. Ein Platz an seinem Stammtisch war äußerst begehrt, dann gehörte man dazu. Aber auch hier traf er unbeirrt seine Wahl.

Das überlebensgroße Bronzestandbild, das der Bildhauer Max Wagner zwei Jahre nach dem Tod Sigi Sommers 1996 geschaffen hat, zeigt diesen unvergleichlichen Lokalschriftsteller, so wie er sich, der auch zahlreiche Romane geschrieben hat, selbst gern titulierte, in der typischen Pose: der des ewig die Stadt durchschreitenden Beobachters, mit einer Zeitung unter dem Arm.

Adresse Rosenstraße 8 (kurz vor der Sendlinger Straße), 80331 München (Altstadt) | **Anfahrt** U3/6, Haltestelle Marienplatz | **Tipp** Auf dem Marienplatz gibt es seit 1908 dreimal täglich das berühmte Glockenspiel zu hören, um 11, 12 und 17 Uhr.

98 Das Spanische Fruchthaus

Schon das Schaufenster lohnt den Besuch

Wer Trockenobst oder kandierte Früchte liebt, der ist im Spanischen Fruchthaus am Rindermarkt dem Paradies ganz nahe. Es gibt in diesem Segment in München kein vergleichbares Spezialitätengeschäft. Der Blick ins schlaraffenlandähnlich drapierte Schaufenster muss den Betrachter zwangsläufig ins Ladeninnere ziehen. Dort wiederum kann man sich der Düfte kaum erwehren. Und dann greift man zu: 50 Gramm von den Datteln im Schokoladenmantel, einige Stücke der Aprikosen in allen Varianten, der nie gesehenen Feigenkreation, der schokolierten Birnenspalten. Es gibt scheinbar keine Frucht, die hier nicht kandiert gereicht wird. Wen diese zu kleinen Türmen gestapelten oder in Kreise angeordneten Trockenobstvariationen einmal in den Bann ziehen, den lassen sie so schnell nicht wieder los. So lebt das Spanische Fruchthaus nahe dem Viktualienmarkt maßgeblich von der Stammkundschaft. Und das Sortiment wurde längst angereichert mit spanischen Delikatessen, Weinen, Oliven, Gebäck, wie dem beliebten Mandelkonfekt Turrón de Alicante, Geleefrüchten und Marmeladen.

Geführt wird das seit 1915 bestehende Geschäft in der dritten Generation von Marion Schmöller, und ihre Tochter ist seit einigen Jahren auch mit von der Partie und wird den Laden irgendwann in Eigenregie leiten. Die Großmutter Marion Schmöllers, deren Vater einst ein gut gehendes Café am Marienplatz betrieb, verliebte sich Hals über Kopf in einen in München gestrandeten Mallorquiner, mit dem sie das Geschäft eröffnete, den es aber alsbald wieder zurück auf die Insel zog. Doch das Fruchthaus war geboren, seit 1946 im Ruffinihaus, und die Großmutter führte es weiter. Marion Schmöller, die ihr vorzügliches Obst, die Basis der delikaten Trockenfrüchte, von einem speziellen Lieferanten bezieht, »schokoliert« die Apfelringe, Ingwerstäbchen oder halbierten Pflaumen noch selbst, gemeinsam mit ihrem Ehemann, im Keller des Ladens.

Adresse Rindermarkt 10 (Ruffinihaus), 80331 München (Altstadt), Tel. 089/264570 | **Anfahrt** U3/6, Haltestelle Marienplatz, dann zu Fuß Richtung Sendlinger Straße | **Öffnungszeiten** Mo–Fr 9.30–18.30, Sa 10–16 Uhr | **Tipp** In der Schrannenhalle im südlichen Teil des Viktualienmarktes kann man an verschiedenen Spezialitätenständen einen schnellen Imbiss nehmen.

99 Das Spielzeugmuseum

Viel Blech für alle Altersgruppen

So eine Parade kann man nur an einem Ort in München abnehmen: im Spielzeugmuseum im alten Rathausturm am Marienplatz. 100 Barbiepuppen stehen da in Reih und Glied, eine ganze Armada der gertenschlanken keuschen Blondinen aus Amerika. In zebragemusterten Badeanzügen, in Minis und Maxis, als Krankenschwestern, Sportlerinnen und Models. Mit von der Partie: die legendären ersten Exemplare mit den extra blassen Bodys oder die vollständige Serie mit 21 Bekleidungen aus dem Jahr 1959. Wie gesagt, das alles wartet auf den Besucher im historischen Rathausturm, der ja eigentlich, wie das gesamte Alte Rathaus, ein geschichtsträchtiger Ort ist, im Krieg zerstört, später rekonstruiert und wiedererrichtet. Hier residierte 1669 der Bayerische Landtag, 1848 wurden im großen Saal die Münchner Abgeordneten für die Nationalversammlung gewählt und – das finsterste Kapitel seit der ersten urkundlichen Erwähnung 1310 – am 9. November 1938: die Ausrufung der Reichspogromnacht durch Joseph Goebbels.

Der 1939 geborene Karikaturist und Maler Ivan Steiger hatte die Idee zu seinem Museum in den frühen 1980er Jahren. Der gebürtige Prager hatte immer einen Tick für altes Spielzeug, eine umfangreiche Sammlung daheim und den Zugang zu stets neuem altem Spielzeug – immer im Original. Er konnte den Münchner Stadtrat für seine Idee begeistern. 1983 zog er mit seinem Spielzeug in den Alten Rathausturm ein. Sicher, die Räumlichkeiten sind eng und mit Spielzeug zum Bersten voll, aber der Besucher kommt voll auf seine Kosten. Man fährt mit dem Aufzug hoch in den fünften Stock des Rathausturms und schlängelt sich dann die schmale Wendeltreppe Stock für Stock nach unten. Neben Puppen und Puppenstuben gibt es Modelleisenbahnen, Fluggeräte, Plüschtiere, vor allem Teddys, und Blechspielzeug in allen Varianten zu sehen. Passion und Erfolg gaben Ivan Steiger recht: 1994 entstand auf der Prager Burg sein zweites Spielzeugmuseum neben München.

Adresse Marienplatz 15, 80331 München (Altstadt), Tel. 089/294001 | **Anfahrt** U3/6, Haltestelle Marienplatz | **Öffnungszeiten** täglich 10–17.30 Uhr | **Tipp** Es lohnt ein intensiver Blick auf das Alte Rathaus, das in seiner Funktion 1874 vom Neuen Rathaus an der Stirnseite des Marienplatzes abgelöst wurde.

100_Das Stauwehr

Immer genügend Wasser für den Isarkanal

Immer wieder in den zurückliegenden Jahrhunderten wurde darüber nachgedacht, sich das Gefälle der Isar zwischen München und Moosburg zur Energiegewinnung zunutze zu machen. Zur konkreten Planung kam es unmittelbar nach dem Ersten Weltkrieg, als der Münchner Architekt Theodor Rümelin Pläne für eine mächtige Stauwehranlage in Oberföhring erarbeitete. Schließlich gingen rund 8.000 Arbeiter ans Werk und setzten zwischen 1921 und 1924 die Pläne in die Tat um. Sie errichteten das gewaltige, quer zur Isar stehende ockerfarbene, weithin sichtbare Bauwerk, das schon beim Anblick so wirkt, als käme hier die Isar abrupt zum Stehen. Das Wehr, einer Festung mit Schießscharten gleich, ist rund 80 Meter lang, unterbrochen von vier runden, durch mächtige Stützpfeiler getragene Bögen, durch die das Wasser rauscht.

Gestaut wird das Isarwasser auf eine Höhe von sechs Metern, um dann in den eigens ausgehobenen Mittleren-Isar-Kanal abgeleitet zu werden, in dem es schließlich auf einer Länge von knapp 70 Kilometern bei einem Geländegefälle von 90 Metern auf der gesamten Strecke die Laufwasserkraftwerke Finsing, Aufkirchen, Eitting und Pfrombach versorgt, bis der Kanal bei Moosburg am Uppedornkraftwerk 1 der Münchner Stadtwerke wieder in die Isar mündet.

Das im Zweiten Weltkrieg unzerstört gebliebene Stauwehr Oberföhring ist kein Wasserkraftwerk, wie vielfach angenommen wird. Es dient ausschließlich der Aufstockung der Isar und kann eher als »Flussweiche« bezeichnet werden. Doch der künstliche Wasserentzug der Isar hatte zwischenzeitlich für den Fluss verheerende Folgen. Denn der Kanal nahm so viel Wasser auf, dass die Isar auszutrocknen und zu einem Rinnsal zu verkommen drohte. Immer wieder kam es zu Protesten, der letzte 2002, wo endgültig zwischen dem Freistaat Bayern und der Betreibergesellschaft Bayernwerk E.ON AG eine bestimmte Wassermenge für die Isar, die nicht unterschritten werden darf, festgelegt wurde.

Adresse Rümelinstraße 1, 81925 München (Bogenhausen) | **Anfahrt** Bus 187, Haltestelle Rümelinstraße (kommt vom Ostbahnhof) | **Öffnungszeiten** der Übergang ist immer geöffnet | **Tipp** In der Poschinger Straße 1 (heute Thomas-Mann-Allee 10) hatte Thomas Mann mit seiner Familie von 1914 bis 1933 gelebt. Das später abgerissene Haus wurde ähnlich wieder aufgebaut, ist aber nicht zugänglich. Ein Spaziergang durch die Thomas-Mann-Allee lässt einen dem großen Schriftsteller näherkommen.

101 Das Steinway-Haus

Feinste Klänge im Industriegebiet

Schon das große hellbeige Gebäude ragt aus dem Industrierevier entlang der Landsberger Straße gleich hinter dem Gleiskörper der Bahn heraus. Und dann sieht man es deutlich: das Steinway-Haus, die Münchner Dependance des weltweit renommierten Klavier- und Flügelbauers. Und wenn man in das ausgefallene Ambiente des Foyers tritt, empfangen einen Klänge, gespielt auf den edelsten Klavieren der Welt, und geben einen Vorgeschmack auf das, was einen erwartet. Auf einer Fläche von mehr als 1.600 Quadratmetern ist das Steinway-Haus das mit Abstand größte Klavierhaus Bayerns mit einer Instrumentenauswahl vom »einfachen« Klavier bis zum exklusiven Konzertflügel. Allesamt der Marke »Steinway & Sons«.

Aber das Münchner Steinway-Haus ist mehr als nur eine Verkaufsagentur des weltweit tätigen Unternehmens, das der deutschstämmige Firmengründer Henry E. Steinway (1797–1871) gemeinsam mit seinen Söhnen 1853 in New York gegründet und damit einen Standard für höchste Qualität im internationalen Klavier- und Flügelbau gesetzt hatte. Es ist auch ein Konzerttreffpunkt, ein Ort für Workshops und Vorträge. Im hauseigenen Rubinstein-Konzertsaal mit seinen knapp 100 Sitzplätzen, der 2001 von der Tochter des großen Pianisten Arthur Rubinstein gemeinsam mit dem Klaviervirtuosen Alfred Brendel eingeweiht wurde, finden regelmäßig Konzerte und musikalische Events statt, Klavierabende, Schülerkonzerte, aber auch schon mal Liederabende und Blechbläserkonzerte. Der Raum ist auch zu buchen, hier kann, wer es sich traut, auf dem hauseigenen Steinway seinen Freunden ein Konzert geben.

Das Münchner Steinway-Haus ist aber erst seit dem Jahr 2000 im Besitz von Steinway & Sons, bis dahin firmierte es unter »Piano-Lang«. 1912 von Karl Lang gegründet, wurde der Hauptsitz von Piano-Lang, des zwischenzeitlich größten Klavier-Fachgeschäfts Deutschlands, 1928 in die Landsberger Straße verlegt und bis 1999 von einer Enkelin des Gründers geleitet.

Adresse Landsberger Straße 336, 80687 München (Laim), Tel. 089/5467970 | **Anfahrt** S1/2/3/4/6/8, Haltestelle Laim | **Öffnungszeiten** Mo–Fr 10–18.30 Uhr, Sa 10–16 Uhr. Es gibt Führungen durch das Steinway-Haus und die Werkstatt mit musikalischen Darbietungen. | **Tipp** Zu empfehlen sind die Augustiner Bräustuben in der Landsberger Straße 19 mit einem Biergarten auf dem Dach.

102 Die Tafel der Ermordeten

Vor dem Hofbräukeller wird tapferen Perlachern gedacht

Es waren die politisch bewegten Jahre nach dem Ersten Weltkrieg. Die »rote« Münchner Räterepublik, die es in dieser Form in Deutschland kein zweites Mal gab, war von den Regierungstruppen und ihren zahlreichen versprengten Freikorps zerschlagen worden, die politischen Verhältnisse nahmen anarchische Züge an. Es herrschte Willkür, und die selbst ernannten Kommandanten der Freikorps tobten sich auf ihre Weise aus: Menschen wurden verhaftet, Rotgardisten und Personen, die in Verdacht gerieten, Kommunisten oder Sozialisten zu sein, erschossen. Insgesamt wurden von den sogenannten »Weißgardisten« über 600 Münchner Bürger getötet.

Als besonders blutrünstig gerierte sich das Freikorps Lützow, das nach dem Einmarsch in München sein Hauptquartier im Hofbräukeller am Wiener Platz bezogen hatte und von hier aus verschiedene Stadtteile »bearbeitete«. Willkür und Denunziation waren an der Tagesordnung. So soll es ausgerechnet der evangelische Pfarrer von Perlach gewesen sein, der zahlreiche unbescholtene Bürger seiner Gemeinde, die es mit dem christlichen Glauben nicht so genau nahmen, als Kommunisten angeschwärzt hatte, die noch immer Widerstand leisteten. Zwölf Perlacher Bürger wurden ohne jede Vernehmung oder Überprüfung der Vorwürfe verhaftet und auf Lkws unter Schlägen und Misshandlungen nach Haidhausen transportiert, allesamt unschuldige Familienväter, Arbeiter und Handwerker, einige lediglich gewerkschaftlich organisiert.

Im Garten des Hofbräukellers am Wiener Platz wurden sie ohne jedes Verfahren und nur auf den Verdacht hin, »Linke« zu sein, am 5. Mai 1919 von Mitgliedern des Freikorps Lützow erschossen. Anfang 1926 kam es zum sogenannten »Perlacher Arbeitermordprozess«. Die große Strafkammer des Landgerichts München I sprach alle an der Ermordung der Perlacher Bürger beteiligten Freikorps-Mitglieder frei. Erst 1996 wurde an der Außenmauer des Biergartens eine Gedenktafel für die Ermordeten installiert.

Adresse Wiener Platz, 81667 München (Haidhausen) | **Anfahrt** U4/5, Haltestelle Max-Weber-Platz; Tram 16, Haltestelle Wiener Platz | **Tipp** Seit Jahrzehnten gibt es in nahezu unverändertem Ambiente das originelle Johannis Café, Johannisplatz 15.

103 Das Templer-Kloster

Geheime Bünde hinter hohen Gittern

Wenn man den riesigen, immerhin 87 Meter aufragenden Turm mit der mächtigen allein schon 18 Meter hohen Turmzwiebel am schmalen Auer Mühlbach unweit der Isar im Süden Münchens entdeckt, meint man, in der Filmkulisse von »Dr. Schiwago« gelandet zu sein. Viele Anwohner und Spaziergänger fragen sich immer wieder, was es mit diesem kuriosen Gebäudekomplex am Isarhang auf sich hat. Die Antwort: Hier residiert seit Jahrzehnten der sogenannte Templer-Orden, eine selbst ernannte »orthodox-katholische« Glaubensgemeinschaft in der Nachfolge des kreuzritterlichen Ordens der Templer, der Anfang des 14. Jahrhunderts seitens des Papstes blutig aufgelöst worden war. Hinter dem schweren Eingangsgitter verbirgt sich der »Archiconvent der Templer«, der sich selbst als Zentrale der deutschen Templer bezeichnet. Dieser 1936 von Karl Hirn, einem Volksschullehrer aus Seeshaupt, gegründete Glaubensbund, der hier seit 1968 residiert, agiert im Geheimen und lässt so gut wie nichts nach außen dringen. Ein Dutzend Klosterbrüder, aber auch einige Frauen leben hier nach strengen religiösen Riten. Öffentliche Gottesdienste gibt es nicht, dafür aber regelmäßige Essenstafeln für notleidende Menschen.

1968 hatte der Templer-Orden die 1880 gebaute, unter Denkmalschutz stehende Villa des einstigen Silberschmieds und Juweliers Carl Wintertaler von der Stadt München erworben und sie im neugotischen Stil nach und nach ausgebaut und erweitert. Vor allem der mächtige Zwiebelturm mit dem Patriarchalkreuz des Ordens und die ihn umrahmenden vier kleineren Türme zeigen eine Architektur voller Ungereimtheiten. Wie die Templer an die Baugenehmigungen kamen, weiß heute so recht niemand mehr. Jüngst haben die Templer von sich reden gemacht, als der Archiconvent auf den Dächern des Ordenshauses eine mächtige Photovoltaik-Anlage errichten ließ, die etwa 50 Prozent der in den Klostermauern benötigten Energie erzeugt.

Adresse Birkenleiten 35, 81543 München (Untergiesing) | **Anfahrt** U1, Haltestelle Candidplatz oder Wettersteinplatz; Tram 15/25, Haltestelle Kurzstraße; Bus 52, Haltestelle Tierpark (Alemannenstraße) | **Öffnungszeiten** Man kann sich das Anwesen von außen ansehen. Klosterführungen gibt es ab und an durch die Münchner Volkshochschule. | **Tipp** An der nahen Schönstraße steht die moderne ukrainisch-katholische Bischofskirche Maria Schutz und Sankt Andreas, die man sich auch von innen ansehen sollte.

104_Das Tierheim

Wo Hund und Katze eine neue Chance bekommen

Wenn in München ein Tier gefunden oder aufgegriffen wird, ob von der Polizei oder einem Bürger, wird es in der Regel ins Tierheim des Münchner Tierschutzvereins an der Riemer Straße gebracht. Und da das Auffinden herrenloser Tiere in einer Großstadt zum Alltag gehört, kann es nicht wundern, dass im Jahr zwischen 3.000 und 4.000 Tiere im Tierheim landen. Zu den aufgegriffenen Tieren kommen jährlich noch 5.000 Vierbeiner, die privat ins Tierheim gebracht werden, aufgrund einer Wohnungsauflösung oder eines rebellierenden Vermieters, weil der Besitzer erkrankt ist oder plötzlich allergisch reagiert oder schlicht kein Geld mehr übrig hat. Immer ist der Weg ins Tierheim besser, als seinen »Liebling« anonym auszusetzen.

Hunde und Katzen dominieren das Tierheim und sein 5,8 Hektar großes Areal, aber man findet in den unzähligen Gitterkäfigen und in den Freigehegen auch Kaninchen, Ziegen und Schafe, Ratten, Frettchen und Hamster, mitunter sogar Affen. Da gibt es Hunde-Trakte, Huftier-Stallungen, das Katzen-Exotenhaus, Wildtier-Unterkünfte und ein Kleintier-Domizil. Im Schnitt beherbergt das Münchner Tierheim mit seinen 50 Mitarbeitern immer rund 700 Haus-, Wild- und Nutztiere.

Das gemeinnützig geführte Tierheim, das Bestandteil des privat finanzierten, bereits 1842 gegründeten Münchner Tierschutzvereins ist, mit rund 11.000 Mitgliedern einer der größten seiner Art in Deutschland und führend in der internationalen Tierschutzbewegung, versteht sich als eine Art Tieragentur. Hier werden die Vierbeiner tierärztlich versorgt und gepflegt, um dann möglichst schnell an neue Besitzer, die sich ein Tier wünschen, weitergegeben zu werden. In der Regel dauert der Aufenthalt eines Tieres im Tierheim nicht länger als einen Monat. Die Tiere, die dauerhaft kein neues Zuhause finden, werden auf dem sogenannten Gnadenhof bei Erding langfristig betreut.

Adresse Tierschutzverein, Riemer Straße 270, 81829 München (Riem), Tel. 089/9210000 | **Anfahrt** S2, Haltestelle Riem; Bus 190, Haltestelle Tierheim | **Öffnungszeiten** Tierheim Mi–So 13–16 Uhr (auch Tiervermittlung), Tel. 089/92100088 | **Tipp** Riem hat einen reizvollen alten Ortskern. Es ist nicht weit zum Messegelände und zur neuen Messestadt Riem.

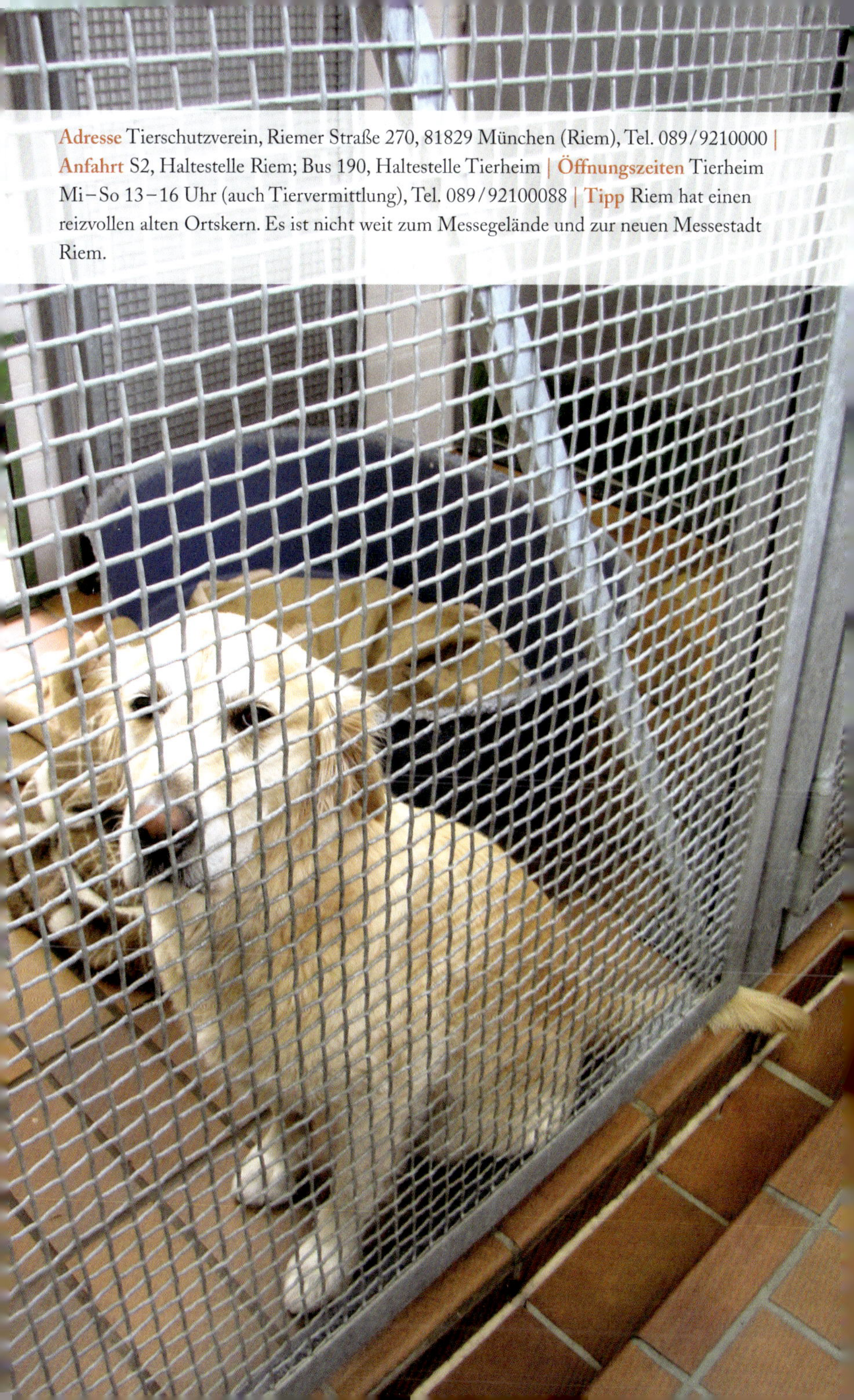

105 Das Todesmarsch-Denkmal

Erinnern an ein Stück finsterster Geschichte

Der Blick auf dieses Mahnmal geht nicht spurlos an einem vorbei. Man sollte ganz dicht herangehen an die auf einem schmalen Betonsockel in Bronze gegossene Gruppe Menschen, die sich dicht gedrängt, nach vorn gebeugt, mit letzter Kraft dahinschleppt. Die Details erschrecken, die halb verhungerten Menschen, mit ihren hohlen Augen und kahl geschorenen Köpfen, wie sie sich quälen und drohen jeden Augenblick entkräftet zusammenzubrechen. Und man spürt ihre unsichtbaren Peiniger, die jeden, den die Beine nicht mehr trugen, kaltblütig ermordeten. Das Denkmal erinnert an den Todesmarsch von rund 7.000 Häftlingen aus dem Konzentrationslager Dachau in den letzten Kriegstagen des April 1945, als die SS-Bewacher die noch lebenden KZ-Häftlinge auf einen Marsch ins Ungewisse schickten, damit sie nicht den heranrückenden alliierten Befreiern als menschliche Zeugen des Grauens in die Hände fielen. Der grausame Marsch wurde erst am 2. Mai von US-amerikanischen Soldaten unweit des Tegernsees gestoppt, mehr als 3.000 Häftlinge waren umgekommen oder bestialisch getötet worden.

Der Weg führte auch vorbei am Schloss Blutenburg in Obermenzing, wo seit 2001 das Mahnmal des 1931 geborenen, in Pullach bei München lebenden Bildhauers Hubertus von Pilgrim nördlich des Weihers steht. Aber dieses Denkmal ist nur eine von weiteren 22 identischen Gedenkstätten, die der Künstler seit 1985 entlang der Würm errichtete, wo meistens nachts marschiert wurde, aus Angst davor, von alliierten Fliegern entdeckt zu werden. So stößt man auf Mahnmale unter anderem in Allach, Pasing, Gräfelfing, Krailling und Planegg. Zahlreiche Gemeinden weigerten sich lange, den Leidensweg der Häftlinge auf diese Weise zu dokumentieren, der die ganze menschliche Grausamkeit und das Leiden ihrer Opfer in ihrer unmittelbaren Nachbarschaft für immer benennen würde. Ein Exemplar des Mahnmals von Hubertus von Pilgrim steht in der Holocaust-Gedenkstätte Yad Vashem in Jerusalem.

Adresse Passionistenstraße nördlich des Blutenburger Weihers, Schloss Blutenburg, 81247 München (Obermenzing) | **Anfahrt** S2/4/6/8 nach Pasing, von dort Bus 56/143/160, Haltestelle Schloss Blutenburg | **Tipp** Es lohnt ein Besuch von Schloss Blutenburg mit der spätgotischen Schlosskapelle und der Blutenburger Madonna.

106 Das Türkentor

Der Kunstraum mit der Riesenkugel

Das Türkentor ist eigentlich das kulturelle i-Tüpfelchen, das im einzigartigen Kunstareal und Pinakotheken-Ensemble der Maxvorstadt noch gefehlt hat. Seit 2010 hat diese an der Türkenstraße verbliebene Restruine, an der der Verkehr vorbeirauscht und niemand so recht wusste, was es damit auf sich hat, eine neue Funktion. Dieser Kubus enthält eines der spektakulärsten Kunstobjekte Münchens: die 2002 geschaffene Skulptur »Large Red Sphere« des 1935 geborenen amerikanischen Künstlers Walter De Maria.

Die Idee, dieser 2006 von der Brandhorst-Stiftung erworbenen Installation zwischen Brandhorst-Museum und Pinakothek der Moderne einen festen Platz zu geben, kann getrost als großer Wurf bezeichnet werden. In zweijähriger Bauzeit wurde das bis dahin zugemauerte Türkentor, das letzte verbliebene Gebäudefragment der 1826 erbauten »Türkenkaserne« des Königlich Bayerischen Infanterie-Regiments, vom Berliner Architektenbüro Sauerbruch Hutton unter Beibehaltung seiner historischen Eigenheiten so renoviert und umgestaltet, dass man den Eindruck gewinnt, das Gebäudeinnere und die gewaltige Skulptur gehörten immer schon zusammen.

Walter De Marias »Large Red Sphere« ist eine mächtige 25 Tonnen schwere Granitkugel von knapp drei Metern Durchmesser, rot glänzend und so blank poliert, dass sich der Betrachter darin spiegelt. Die gigantische Kugel steht auf einem mehrstufigen, vom Künstler gebauten Podest, flankiert von vier die Decke des Gebäudes tragenden Säulen. Der Besucher kann das Gesamtkunstwerk, das mit der Einbindung in das Türkentor nunmehr auf das Jahr 2010 datiert, umgehen und von allen Seiten betrachten. Für Walter De Maria, einen der bedeutendsten amerikanischen Künstler der zweiten Hälfte des 20. Jahrhunderts, ist die rote Granitkugel »universelles Sinnbild der Welt, der Himmelskörper und des Kosmischen, Symbol des Ewigen und der zyklischen Erneuerung«.

Adresse Türkenstraße 17, 80333 München (Maxvorstadt), Tel. 089/238051320 |
Anfahrt U3/6, Haltestelle Universität; Bus 100 (Museumslinie), Haltestelle Pinakotheken |
Öffnungszeiten täglich außer Mo April–Okt. 11–17 Uhr; Nov.–März 12–15 Uhr |
Tipp Ein Besuch des benachbarten Museums Brandhorst ist zu empfehlen.

107 Das Verkehrszentrum

Das Fahrzeugparadies in den alten Messehallen

Diese Dependance des Deutschen Museums kann sich sehen lassen. Hochkarätig und in Europa wahrscheinlich einmalig, präsentiert das Museum auf dem alten Messegelände aus seinem reichen Fundus alle Perlen des mobilen Zeitalters. In den drei verbliebenen historischen, denkmalgeschützten Messehallen von 1907, großzügig und aufwendig restauriert, mit riesigen Fenstern und teilverglasten Dächern, gibt es Dinge zu sehen, die generationenübergreifend Herzen höherschlagen lassen. Die technische Geschichte der Mobilität, didaktisch bestens aufbereitet, mit Exponaten, wie sie wirklich nur das Deutsche Museum im Depot hat.

Anders aber als es die Regel im Deutschen Museum ist, werden hier die ausgefallensten Exponate und Technologien in einen kulturellen und verkehrshistorischen Kontext gestellt. So unterteilt sich die Dauerausstellung in drei große Themenbereiche, die jeweils auf eine Halle verteilt sind: »Stadtverkehr«, »Reisen« und »Mobilität und Technik«. 140 Fahrzeuge aller Art, teilweise seltenste Objekte, von motorisierten Kutschen und Autoklassikern, Straßenbahnen bis hin zu Rettungshubschraubern, zeigen die Entwicklung des öffentlichen Nahverkehrs. Die Geschichte des Reisens wird anhand von Verkehrsmitteln erzählt, von der Postkutsche über die Dampflok bis zum ICE-Triebwerkskopf. Und schließlich dreht sich alles um die technischen und sportlichen Seiten der Mobilität.

Insgesamt verfügt das Deutsche Museum im Bereich des Landverkehrs über 4.500 Exponate, davon rund 500 Komplettfahrzeuge, von denen viele im Verkehrszentrum zu sehen sind, eine nahezu lückenlose Dokumentation der Geschichte des Straßen- und Schienenverkehrs sowie anderer Verkehrstechnologien. Man begegnet dem Original des ersten Autos überhaupt, dem Benz Patentmotorwagen, der ersten Großraumlimousine Adler Standard, dem Messerschmitt Kabinenroller, einem VW-Käfer als Taxi, dem Baker Electric Roadster, dem »Buckeltaunus« sowie Straßenkreuzern aus den USA.

Adresse Am Bavariapark 5, 80339 München (Schwanthalerhöhe), Tel. 089/500806762 | Anfahrt U4/5, Bus 53, Haltestelle Schwanthalerhöhe; Bus 134, Haltestelle Theresienhöhe | Öffnungszeiten täglich 9–17 Uhr | Tipp Zu empfehlen ist abends die im Stil der 1950er Jahre gehaltene, 2010 eröffnete »Kongressbar« an der Theresienhöhe 15.

108_Die Wachszieherei

Hier werden die Kerzen noch per Hand gemacht

So etwas gibt es in München nur noch einmal: Hochzeitskerzen, Taufkerzen, Lebenskerzen, Zierkerzen, ganz traditionell gestaltete Stücke, aber auch solche in modernem Design – alle einzeln handgemacht oder besser: handgezogen, und das aus eigener Produktion. Man kann die Unikate direkt in der kleinen Sendlinger Wachszieherei bestellen und erwerben oder beim »Wachszieher am Dom«, dem Geschäft des inzwischen 150 Jahre alten Betriebs der Familie Fürst, kaufen.

Die traditionellen »Fürstkerzen« haben einen Namen bei privaten Kerzenliebhabern, bei speziellen Großkunden wie Restaurants und Hotels, aber vor allem bei den vielen Kirchen in und um München. Denn gezogene Kerzen unterscheiden sich maßgeblich von gegossenen oder gar den industriell gepressten Kerzen. Sie werden in Handarbeit rund um den gespannten Docht an den ursprünglichen Maschinen, an denen schon der Großvater Fürst gearbeitet hatte, durch Wachsbecken zum Strang gezogen. In Schichten wird Wachs aufgetragen, mit Luftzwischenräumen, ähnlich den Jahresringen eines Baumes.

Dadurch brennen sie intensiver, geben ein besseres Licht und tropfen nicht. Eigene Kerzenmaler tragen die gewünschten Schriften und Ornamente auf. Rund um die christlichen Festtage wie Weihnachten, Ostern oder Kommunion haben die Gebrüder Fürst – Bernhard betreibt die Wachszieherei, Franz das Geschäft – ihre größte Konjunktur.

Die Brüder hatten das Geschäft von der Pike auf gelernt, bevor ihnen der Vater die Firma übertrug. Ursprünglich befand sich der Betrieb in der Sporerstraße 2 am Dom, der Laden ebenerdig, die Werkstatt im Keller, die Wohnung der Fürsts im dritten Stock. Eine Sprengbombe hatte den Familienbetrieb Anfang 1945 völlig zerstört. Nach zahlreichen Zwischenstationen zog er in den 1950er Jahren in ein Haus der Familie in die Uttinger Straße, während das Geschäft wieder an der Frauenkirche eröffnete.

Adresse Wachszieherei: Uttinger Straße 18, 81379 München (Sendling), Tel. 089/7144561; Geschäft am Dom: Thiereckstraße 2, 80331 München (Altstadt), Tel. 089/225023 | **Anfahrt** Wachszieherei: U6, Haltestelle Westpark, über Luise-Kiesselbach-Platz Richtung Heckenstallerstraße; Geschäft am Dom: U3/6, Haltestelle Marienplatz | **Öffnungszeiten** Wachszieherei: nur nach tel. Anmeldung; Geschäft am Dom: Mo–Fr 10–18.30 Uhr, Sa 10–14 Uhr | **Tipp** Von der Uttinger Straße ist es nicht weit zum Südpark.

109 Die Weideninsel

Das neue Eiland in der naturerwachten Isar

Gegen Abend zum Sonnenuntergang auf den gerundeten Stufen zur Isar hin sitzen und hinüber zur nahen Weideninsel schauen hat etwas zutiefst Meditatives. Irgendwie ist es, als würde man an einem Bach auf dem Lande hocken, das Wasser über die Kiesel plätschernd an sich vorbeirauschen lassen, nur dass man das alles unweit der Innenstadt in München erlebt. Zwischen der Wittelsbacherbrücke und der Reichenbachbrücke auf Höhe der Stadtgärtnerei hat die über zehn Jahre währende Renaturierung der Isar einen letzten Höhepunkt erfahren.

»Projekt Isarplan« hieß das Renaturierungsprogramm, das 2011 abgeschlossen wurde. Zwischen Großhesseloher Brücke und Deutschem Museum wurde auf einer Länge von acht Kilometern die Isar wieder zu einem frei fließenden Gewässer gestaltet, sie erhielt den Charakter des Wildflusses zurück. Der war ihr Mitte des 19. Jahrhunderts durch den systematischen Ausbau und das Anlegen eines kanalartigen Flussbetts, auch zur Wasserkraftnutzung, mit teilweise steilen und nicht begehbaren Randböschungen aufgezwungen worden. Jetzt wurde der Isar nicht nur zurück ins eigentliche Flussbett verholfen, sondern dieses wurde teilweise geweitet und verdoppelt. Durch Steingruppen entstanden vielfältige Strömungen mit hoher Fließgeschwindigkeit, dazwischen Ruhezonen für Fische. Gleichzeitig soll die naturnahe Umgestaltung dem Hochwasserschutz und vor allem der Erholung der Bürger dienen. Jetzt können die Menschen wieder problemlos die Ufer der Isar über naturnah gestaltete Böschungen mit neuen Kiesbänken und flachen Wassern erreichen, ebenso die Weideninsel. Natürlich hat es an dieser Stelle die Weiden immer schon gegeben, aber sie waren nicht wie jetzt wasserumspült. Mit der Anlage eines neuen Seitenarms der Isar entstand die kleine 66 Meter lange und 27 Meter breite Insel, die allerdings nicht betreten werden darf. Sie ist Rückzugsgebiet und Brutstätte für Vögel und Kleintiere.

Adresse zwischen Wittelsbacherbrücke und Reichenbachbrücke bei Kilometer 149, 80469 München (Au) | Anfahrt U1/2, Haltestelle Fraunhoferstraße; Tram 17, Haltestelle Fraunhoferstraße oder Eduard-Schmid-Straße | Tipp Die gewaltigen metallenen Kunstobjekte rund ums Europäische Patentamt lohnen einen Besuch.

110 Das Weisse Bräuhaus

Wo die Schneider Weisse zu Hause ist

Das Weisse Bräuhaus und das Hofbräuhaus haben eine entscheidende Schnittstelle. Der Münchner Braumeister Georg Schneider wurde 1856 Pächter des Hofbräuhauses. Zeitgleich aber kam das bis dahin von den Menschen favorisierte Weißbier oder Weizenbier, einst die Domäne des Hofbräuhauses, zugunsten der immer populärer werdenden untergärigen Braunbiere aus der Mode. Die Weißbierproduktion war schon seit Jahren gedrosselt worden und wurde 1872 wegen zu geringer Nachfrage schließlich ganz eingestellt. Immer noch hatte aber das Staatliche Hofbräuhaus das »Weißbierregal« inne, das ausschließliche Recht auf das Brauen von Weißbieren. Schneider gelang es nach langen Verhandlungen und mit Unterstützung aus dem Umfeld König Ludwigs II., die anscheinend wertlosen Weißbierrechte zu erwerben.

Bereits seit Mitte des 16. Jahrhunderts gab es hier im Tal eine Braustätte mit Wirtshaus, vornehmlich für die Handlungsreisenden, die hier Station machten. 200 Jahre lang war das Anwesen im Besitz der Brauerfamilie Mader. Georg Schneider erwarb in den 1870er Jahren den inzwischen stillgelegten »Maderbräu«, baute ihn um und eröffnete mit seinem Sohn Georg Schneider II. die Produktion eines eigenen Weißbieres, der Schneider Weissen. Aus dem ursprünglichen »Maderbräu« wurde jetzt »Weisse Bräuhaus G. Schneider & Sohn«, eine Brauerei mit angeschlossenem Wirtshaus. Schneider war vom Erfolg des Weißbieres immer überzeugt. Heute ist das Anfang der 1990er Jahre generalsanierte Weisse Bräuhaus eine Institution, geführt von Georg Schneider VI., dem Chef in sechster Generation des Münchner Familienbetriebes. Auch als nach der Kriegszerstörung der Münchner Brauereianlagen die Bierproduktion ins niederbayerische Kelheim verlagert wurde, nämlich in das 1928 von Schneider erworbene »Kurfürstliche Weisse Hofbräuhaus«, das 1607 von Herzog Maximilian I. gegründet worden war und als die älteste Weißbierbrauerei Bayerns gilt.

Adresse Tal 7, 80331 München (Altstadt), Tel. 089/2901380 | **Anfahrt** U3/6, Haltestelle Marienplatz | **Öffnungszeiten** täglich 8–0.30 Uhr | **Tipp** Am Ende des Tals, am Isartorplatz, trifft man auf das Valentin-Karlstadt-Museum.

111_Das Wildgehege

Wo einem der Hirsch ins Bierglas schaut

Hier ging man früher auch zur Jagd, erlegte das eine oder andere Stück Rot- oder Damwild und hatte als Schütze dennoch ein mulmiges Gefühl. Denn diese stadtnahen Jagdgründe, 1780 von Kurfürst Karl Theodor als Jagdrevier für den Adel in unmittelbarer Nachbarschaft zum Nymphenburger Schloss großflächig angelegt, waren eigentlich keine Wildreservoirs, hier wurden die Hirsche ausgesetzt und den adeligen Herrschaften abschussgerecht präsentiert. Das war schon vor 200 Jahren nicht sonderlich populär, sodass es nicht allzu lange dauerte, bis der Hirschgarten in einen Naturpark umgewidmet und auch der Bevölkerung zugänglich gemacht wurde. Und das 1791 erbaute Jägerhaus wurde zur einladenden Gastronomie. Eine Reminiszenz an den einstigen Wildreichtum des Königlichen Hirschgartens im Westen der Stadt stellt heute noch das Wildgehege dar. Seit in den 1950er Jahren der 40 Hektar große Hirschgarten mit seinen Wiesen, leichten Hügeln und seinem über 100 Jahre alten Baumbestand offiziell städtisches Erholungsgebiet wurde, äst das Damwild in seinem zwei Hektar großen Gehege am Rande des Biergartens friedlich vor sich hin.

Ohnehin ist der Hirschgarten eine Oase ganz eigener Prägung. Inmitten der Natur dominiert hier mit dem »Königlichen Hirschgarten« der Augustiner-Brauerei der mit Abstand größte Biergarten der Stadt. An herrlichen Sommerabenden finden hier unter schattenspendenden Kastanien rund 8.000 Menschen Platz. Wie es die Münchner Biergartentradition vorsieht, kann der Gast nach Bedarf seine Brotzeit mitbringen und muss sich lediglich das frische Bier in Selbstbedienung an der Schenke holen. Service gibt es in besonders angezeigten Bereichen des Biergartens an etwa 1.200 Plätzen. Im Hirschgartenpark findet im Juli immer das Magdalenenfest statt, ein traditionelles Kirmesvolksfest, dessen Ursprünge auf die Einweihung der Magdalenenklause im Nymphenburger Park am 22. Juli 1728 zurückgehen.

Adresse Hirschgarten 1, 80639 München (Nymphenburg), Tel. 089/17999119 | **Anfahrt** S1/2/3/4/6/8, Haltestelle Hirschgarten oder Laim; Tram 12/16/17, Haltestelle Romanplatz; Bus 51/151, Haltestellen Hirschgartenallee oder Romanplatz | **Öffnungszeiten** Das Wildgehege kann immer besucht werden. Restaurant täglich 9–24 Uhr, Biergarten täglich 11–24 Uhr, Tel. 089/17999119 | **Tipp** Direkt am Hirschgarten, nahe den Gleisanlagen am Birkenweg, befindet sich seit 2010 auf 900 Quadratmetern Münchens größte und modernste Skateanlage mit Fullpipe und Poolskate-Modulen.

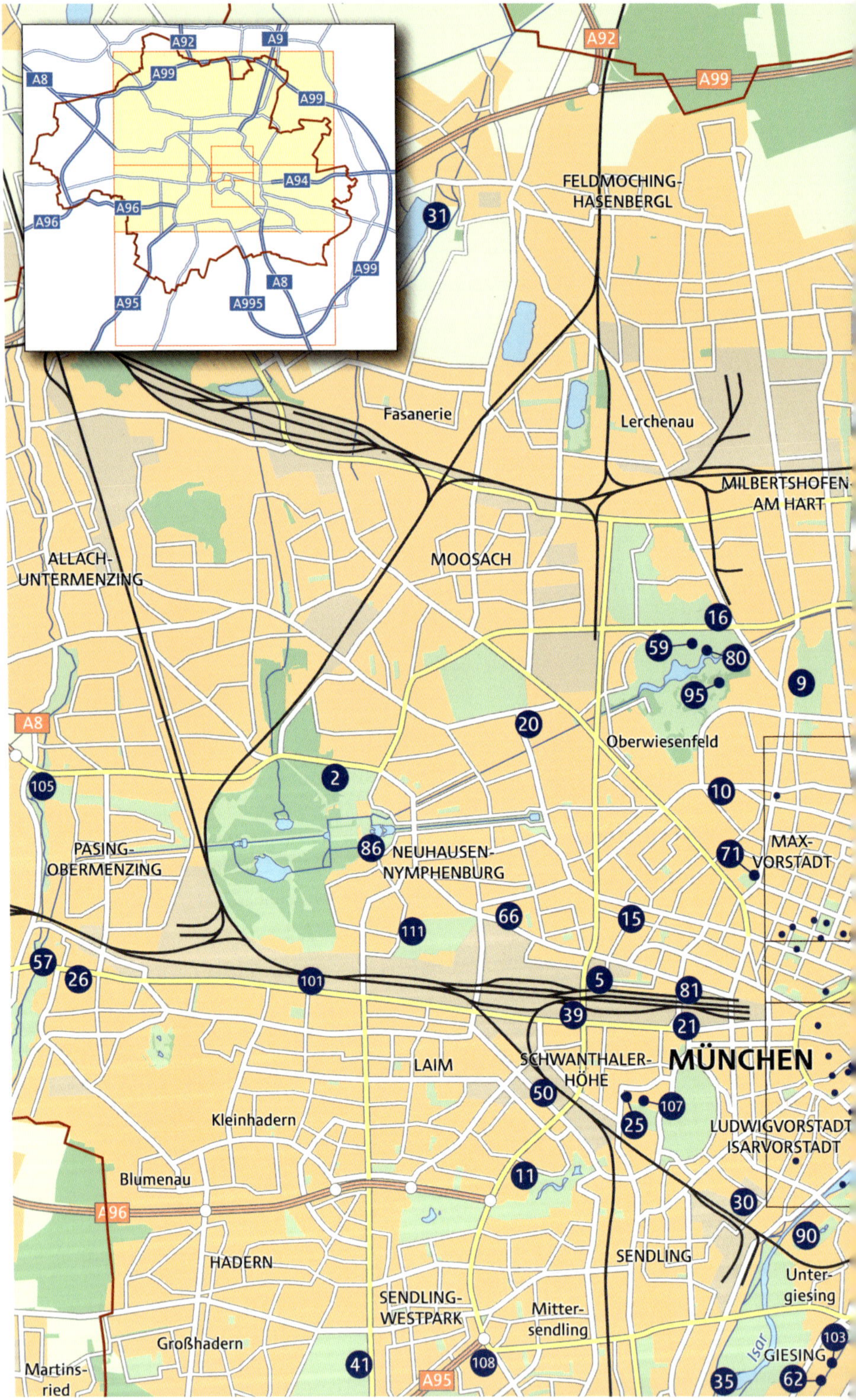
A92
A9
A8
A99
A94
A96
A95
A995
FELDMOCHING-
HASENBERGL
Fasanerie
Lerchenau
MILBERTSHOFEN-
AM HART
ALLACH-
UNTERMENZING
MOOSACH
Oberwiesenfeld
PASING-
OBERMENZING
NEUHAUSEN-
NYMPHENBURG
MAX-
VORSTADT
MÜNCHEN
SCHWANTHALER-
HÖHE
LAIM
Kleinhadern
LUDWIGVORSTADT
ISARVORSTADT
Blumenau
HADERN
SENDLING
Unter-
giesing
SENDLING-
WESTPARK
Mitter-
sendling
Großhadern
GIESING
Isar
Martins-
ried
31
16
59
80
9
95
20
2
105
10
71
86
66
15
111
57
26
101
5
81
39
21
50
107
25
11
30
90
41
108
103
35
62

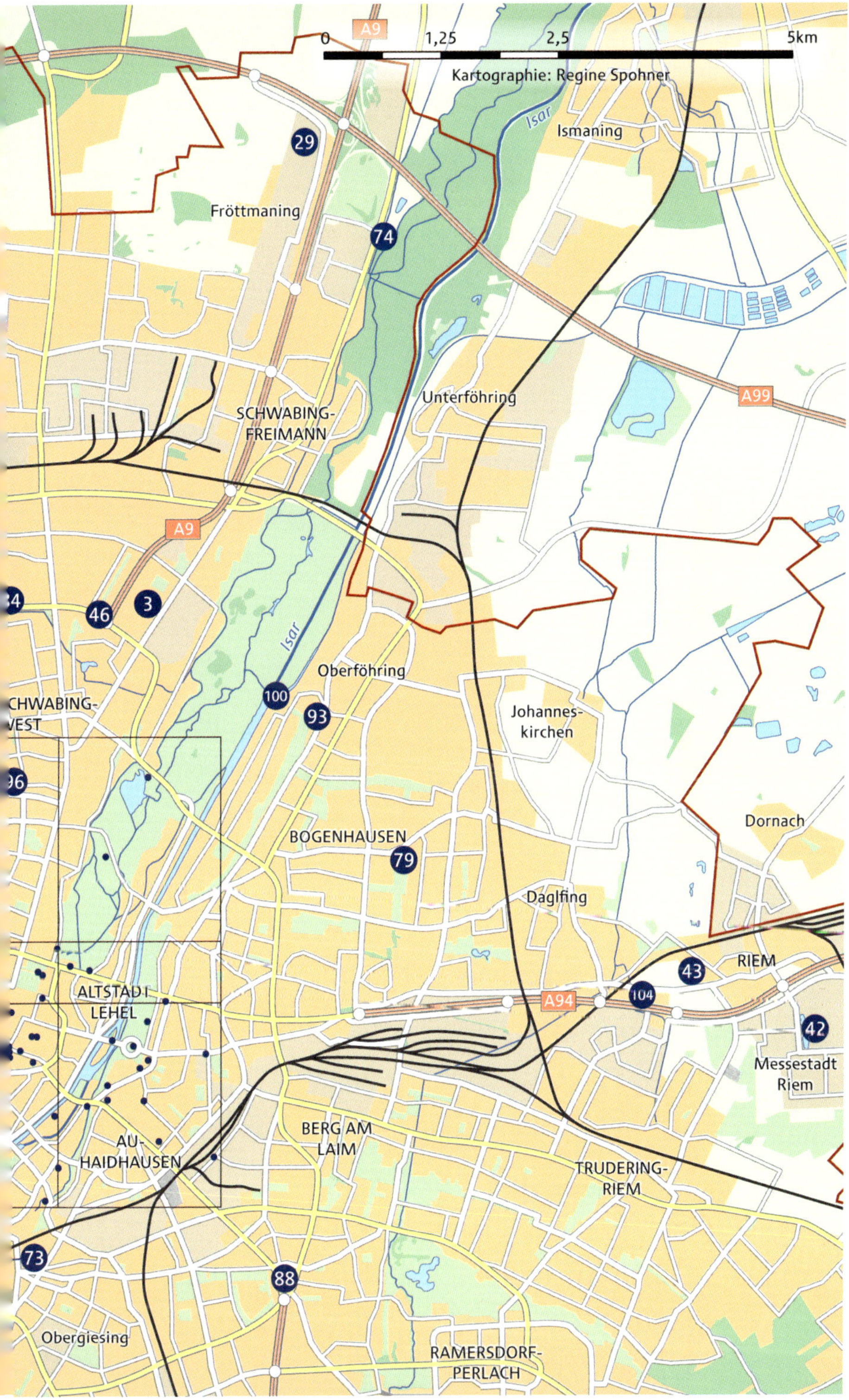
0
1,25
2,5
5km
Kartographie: Regine Spohner
A9
Isar
Ismaning
29
Fröttmaning
74
Unterföhring
A99
SCHWABING-
FREIMANN
A9
46
3
34
Oberföhring
100
93
SCHWABING-
WEST
Johannes-
kirchen
96
BOGENHAUSEN
79
Dornach
Daglfing
43
RIEM
104
A94
42
Messestadt
Riem
ALTSTADT
LEHEL
AU-
HAIDHAUSEN
BERG AM
LAIM
TRUDERING-
RIEM
73
88
Obergiesing
RAMERSDORF-
PERLACH

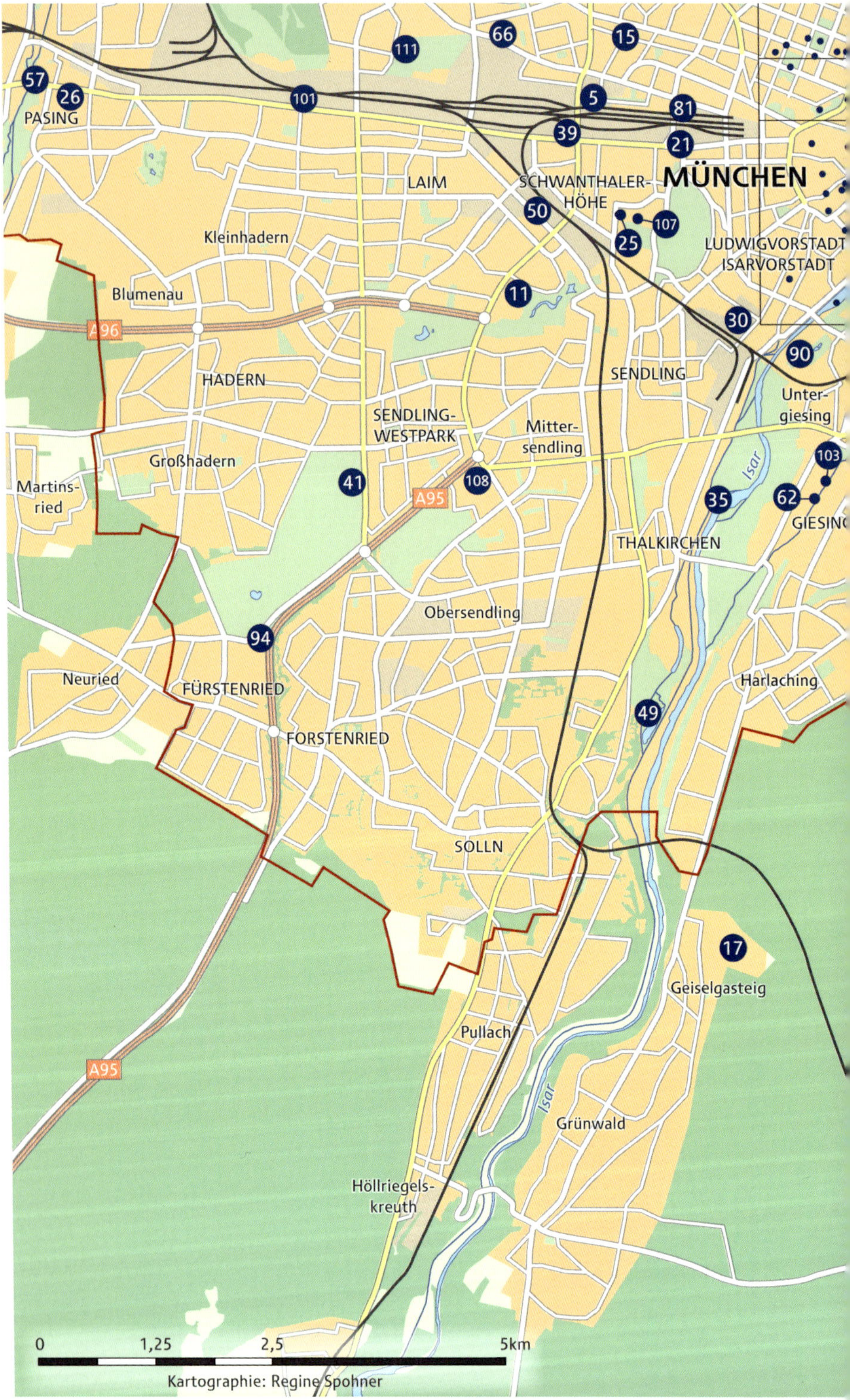

57
26
PASING
111
66
15
101
5
81
39
21
LAIM
SCHWANTHALER-
HÖHE
MÜNCHEN
50
107
25
Kleinhadern
LUDWIGVORSTADT
ISARVORSTADT
Blumenau
11
A96
30
90
HADERN
SENDLING
Unter-
giesing
SENDLING-
WESTPARK
Mitter-
sendling
Großhadern
103
Martins-
ried
41
108
A95
35
62
GIESING
THALKIRCHEN
Obersendling
94
Neuried
FÜRSTENRIED
Harlaching
49
FORSTENRIED
SOLLN
17
Geiselgasteig
Pullach
A95
Isar
Grünwald
Höllriegels-
kreuth
0
1,25
2,5
5km
Kartographie: Regine Spohner

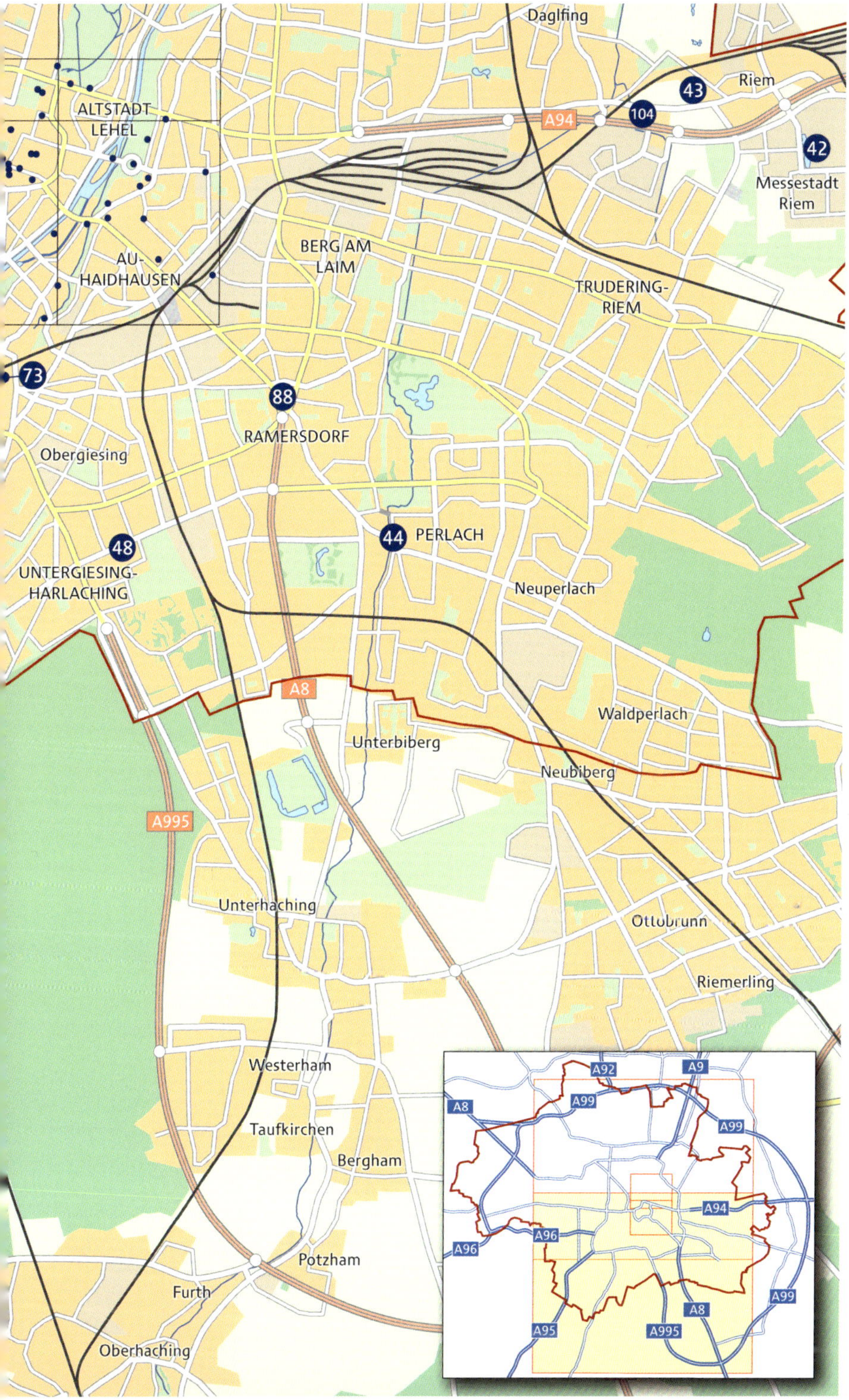
Daglfing
Riem
43
104
A94
42
Messestadt
Riem
ALTSTADT-
LEHEL
AU-
HAIDHAUSEN
BERG AM
LAIM
TRUDERING-
RIEM
73
88
RAMERSDORF
Obergiesing
44
PERLACH
48
UNTERGIESING-
HARLACHING
Neuperlach
A8
Waldperlach
Unterbiberg
Neubiberg
A995
Unterhaching
Ottobrunn
Riemerling
Westerham
Taufkirchen
Bergham
Potzham
Furth
Oberhaching
A92
A9
A8
A99
A99
A94
A96
A96
A99
A8
A95
A995

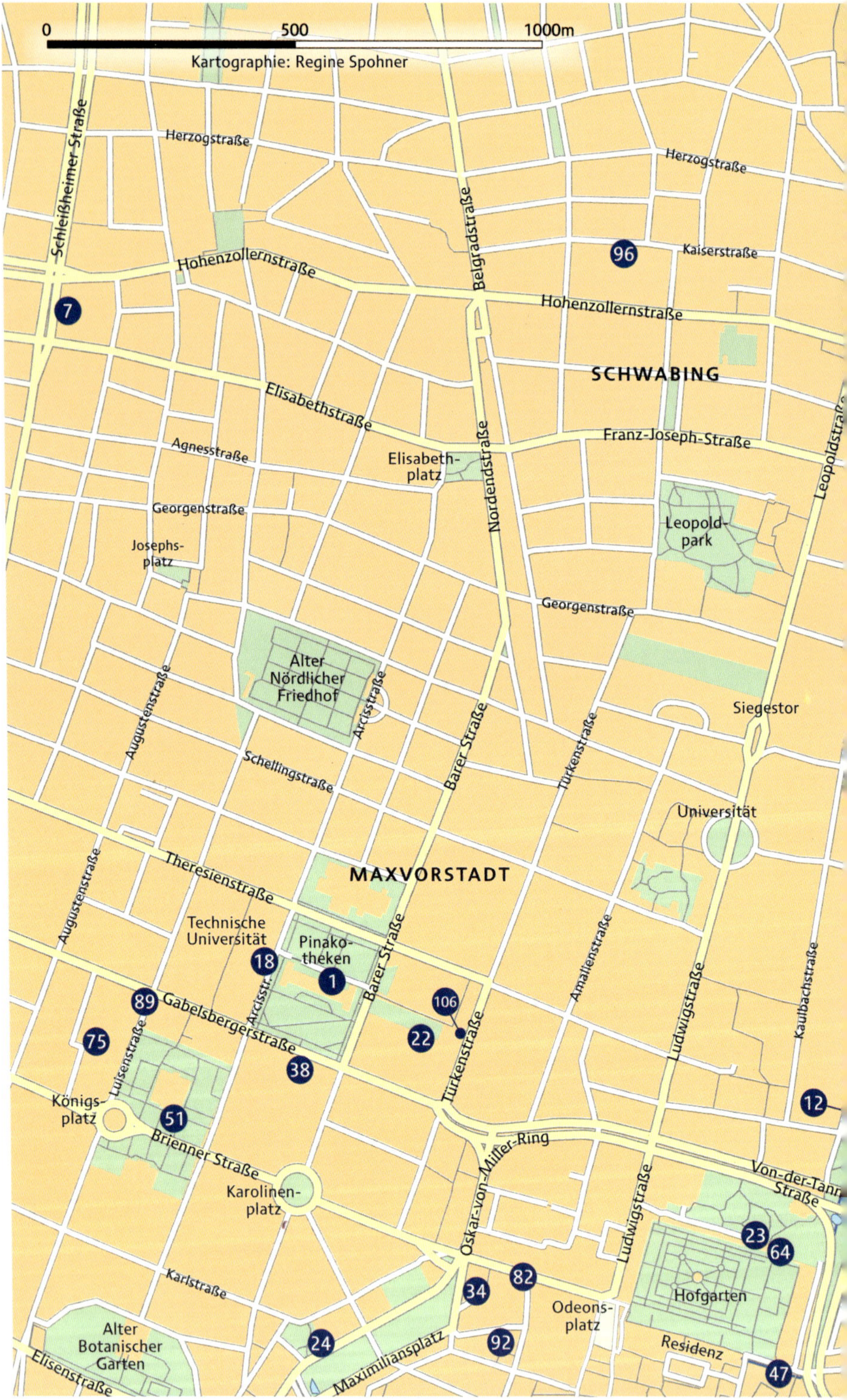
0
500
1000m
Kartographie: Regine Spohner
Schleißheimer Straße
Herzogstraße
Herzogstraße
Belgradstraße
Kaiserstraße
Hohenzollernstraße
Hohenzollernstraße
SCHWABING
Elisabethstraße
Agnesstraße
Elisabeth-platz
Nordendstraße
Franz-Joseph-Straße
Leopoldstraße
Georgenstraße
Josephs-platz
Leopold-park
Georgenstraße
Alter Nördlicher Friedhof
Arcisstraße
Augustenstraße
Schellingstraße
Barer Straße
Türkenstraße
Siegestor
Universität
Theresienstraße
MAXVORSTADT
Augustenstraße
Technische Universität
Pinako-theken
Amalienstraße
Ludwigstraße
Kaulbachstraße
Gabelsbergerstraße
Arcisstr.
Luisenstraße
Türkenstraße
Königs-platz
Brienner Straße
Oskar-von-Miller-Ring
Von-der-Tann-Straße
Karolinen-platz
Ludwigstraße
Hofgarten
Karlstraße
Odeons-platz
Alter Botanischer Garten
Maximiliansplatz
Residenz
Elisenstraße
7
96
18
1
106
89
75
22
38
12
51
23
64
34
82
24
92
47

SCHWABING
Ungerer Str.
Leopoldstraße
Haimhauserstr.
Münchner Freiheit
Hirschau
Kleinhesseloher See
53
Isarring
Isar
Isarring
ENGLISCHER GARTEN
Kaulbachstraße
Königinstraße
91
Chinesischer Turm
Iflandstraße
Mauerkircherstraße
Montgelasstraße
Max-Joseph-Brücke
Monopteros
Ismaninger Straße
Emil-Riedel-Straße
BOGENHAUSEN
Widenmayerstraße
Oettingenstraße
Eisbach
Haus der Kunst
40
60
Maria-Theresia-Straße
Prinzregentenstraße
Luitpoldbrücke
LEHEL
Friedensengel
65
Liebigstraße

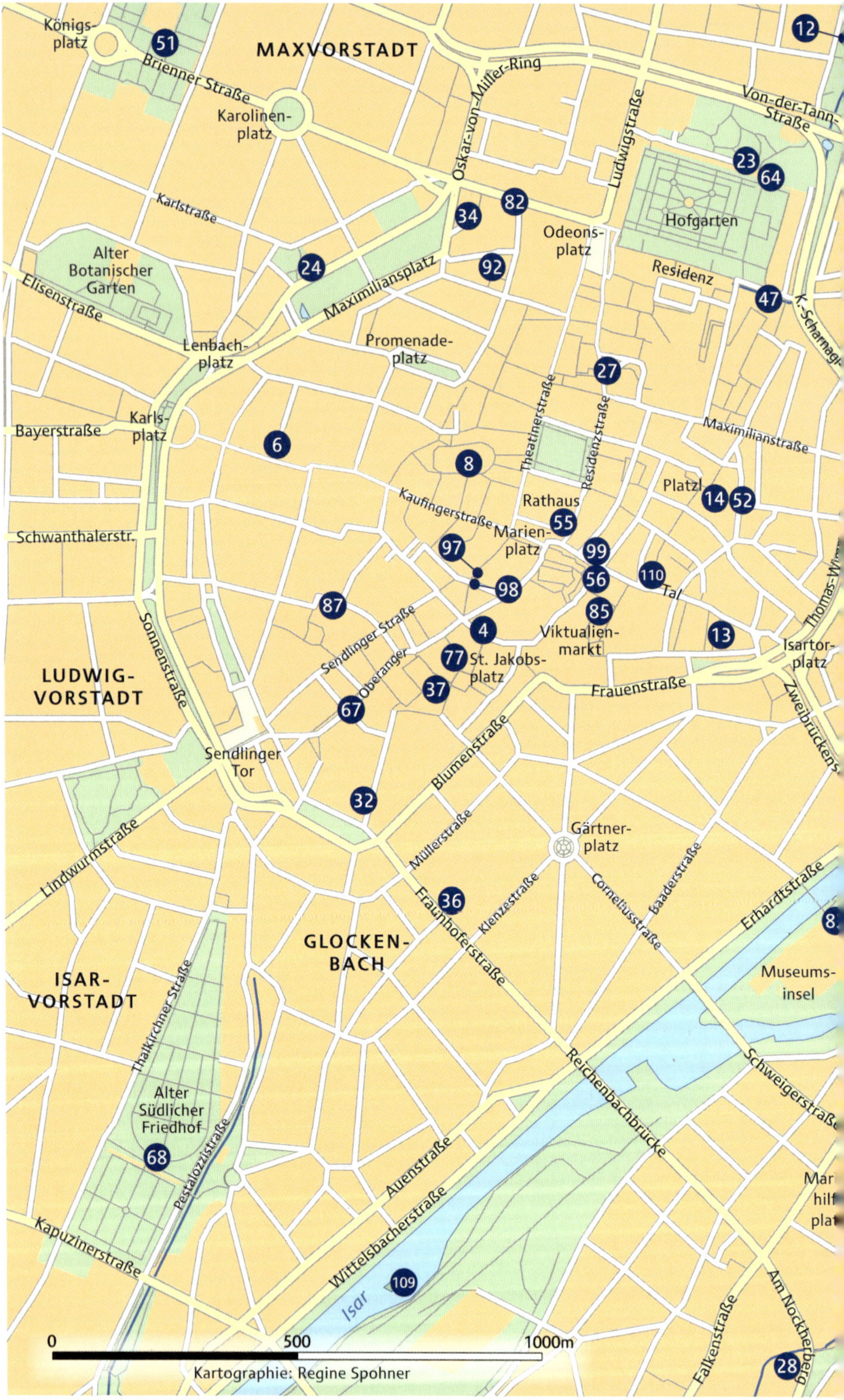

Königs-platz
51
MAXVORSTADT
Brienner Straße
Karolinen-platz
Oskar-von-Miller-Ring
Von-der-Tann-Straße
12
Ludwigstraße
23
64
Hofgarten
Karlstraße
34
82
Odeons-platz
Alter Botanischer Garten
24
Maximiliansplatz
92
Residenz
47
K.-Schamagl
Elisenstraße
Lenbach-platz
Promenade-platz
27
Karls-platz
Bayerstraße
Theatinerstraße
Residenzstraße
Maximilianstraße
6
8
Platzl
14
52
Rathaus
55
Kaufingerstraße
Marien-platz
Schwanthalerstr.
97
99
56
110
Tal
98
87
85
Sendlinger Straße
4
Viktualien-markt
13
Isartor-platz
Thomas-Wi
77
St. Jakobs-platz
Oberanger
LUDWIG-VORSTADT
37
Frauenstraße
Sonnenstraße
67
Zweibrückens
Sendlinger Tor
Blumenstraße
32
Gärtner-platz
Lindwurmstraße
Müllerstraße
Baaderstraße
Erhardtstraße
36
Klenzestraße
Corneliusstraße
8
Fraunhoferstraße
GLOCKEN-BACH
Museums-insel
ISAR-VORSTADT
Thalkirchner Straße
Reichenbachbrücke
Schweigerstraße
Alter Südlicher Friedhof
Pestalozzistraße
68
Auenstraße
Mar hilf plat
Kapuzinerstraße
Wittelsbacherstraße
109
Isar
Am Nockherberg
Falkenstraße
0
500
1000m
28
Kartographie: Regine Spohner

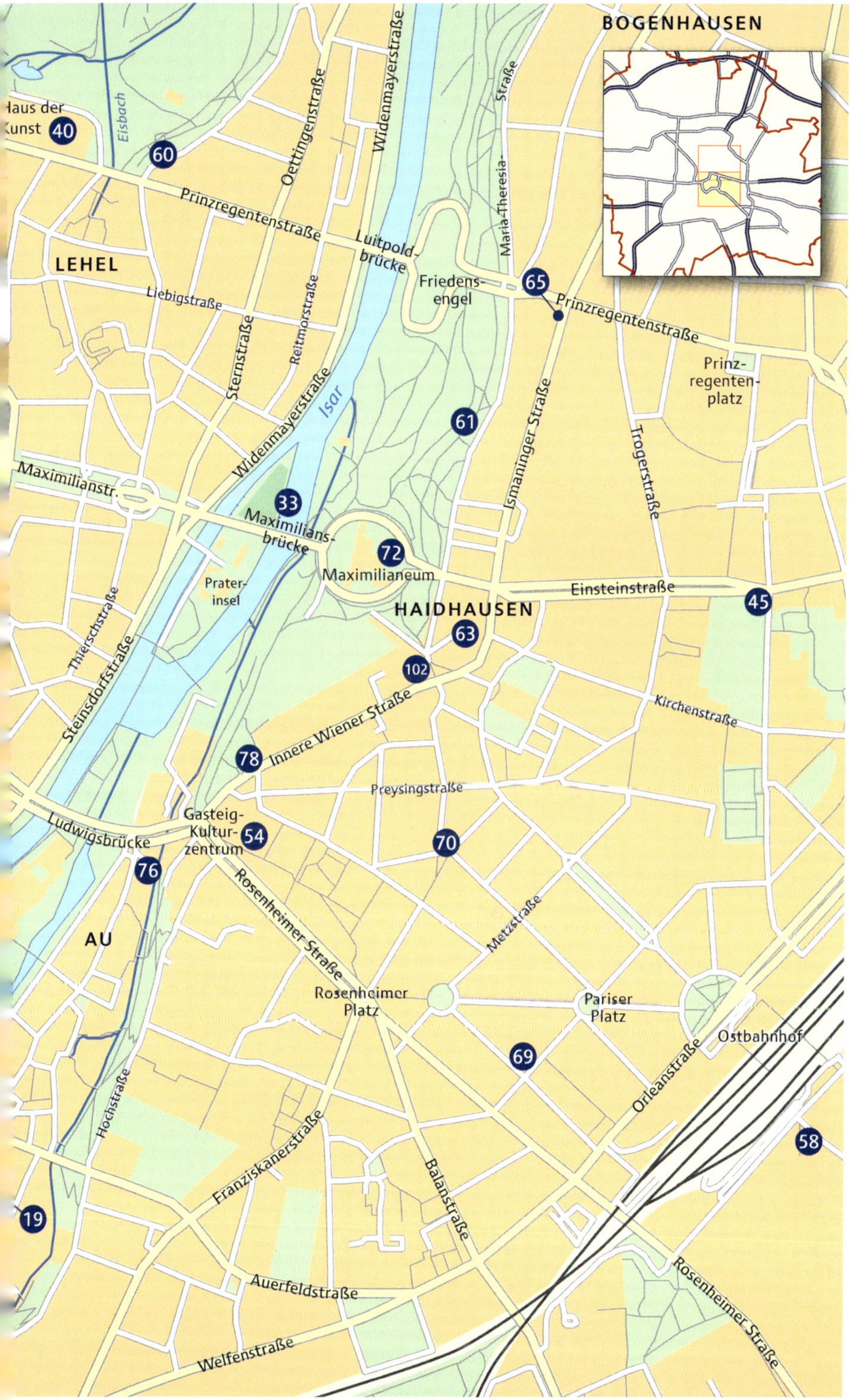
BOGENHAUSEN
Haus der Kunst 40
Eisbach
60
Oettingenstraße
Widenmayerstraße
Maria-Theresia-Straße
Prinzregentenstraße
Luitpoldbrücke
LEHEL
Friedensengel
65
Liebigstraße
Reitmorstraße
Sternstraße
Prinzregentenstraße
Prinzregentenplatz
Isar
Widenmayerstraße
61
Ismaninger Straße
Trogerstraße
Maximilianstr.
33
Maximiliansbrücke
72
Maximilianeum
Praterinsel
Einsteinstraße
45
HAIDHAUSEN
63
Thierschstraße
Steinsdorfstraße
102
Kirchenstraße
Innere Wiener Straße
78
Preysingstraße
Gasteig-Kulturzentrum
54
Ludwigsbrücke
70
76
Rosenheimer Straße
Metzstraße
AU
Rosenheimer Platz
Pariser Platz
Ostbahnhof
69
Orleanstraße
Hochstraße
58
Franziskanerstraße
Balanstraße
19
Auerfeldstraße
Rosenheimer Straße
Welfenstraße

Fotografien
Alle Fotos © Rüdiger Liedtke, außer Seite 53 und 221. Foto Seite 53: Rainer Viertlböck und Die Neue Sammlung – The International Design Museum Munich. Eingangswand zur Designausstellung in der Pinakothek der Moderne. Foto Seite 221: H. Koyupinar, Bayerische Staatsgemäldesammlungen. Walter De Maria, Large Red Sphere, 2010. Motiv Seite 11: Albrecht Altdorfer, Alexanderschlacht (Schlacht bei Issus), 1529, Bayerische Staatsgemäldesammlungen, Alte Pinakothek, München. Motiv Seite 55: Maske der Marquise de Merteuil (Dagmar Manzel), Maske des Vicomte de Valmont (Jörg Gudzuhn). Stiftung Stadtmuseum Berlin. Aufgenommen in der Ausstellung: »In Masken geht die Zeit. Wolfgang Utzt – Theaterarbeiten«. Deutsches Theatermuseum 27. Januar bis 29. April 2012.

Der Autor

Rüdiger Liedtke, Autor und Journalist, kennt München wie seine Westentasche. Vor Jahren hat er einen Kinderstadtführer über München herausgegeben. Seine letzten Buchveröffentlichungen: »111 Orte auf Mallorca, die man gesehen haben muss«, »111 Orte in München, die man gesehen haben muss«, »Wir privatisieren uns zu Tode«, »Das Energie-Kartell« und »Wem gehört die Republik?«.
www.ruediger-liedtke.de